인생역경대학

초판 1쇄 발행 2016년 3월 10일

저자   홍창신
펴낸이   구주모

편집책임   김주완
편집   이종현
마케팅   정원한

펴낸곳   도서출판 피플파워
주소   경상남도 창원시 마산회원구 삼호로38(양덕동)
전화   (055)250-0190
홈페이지   www.idomin.com
블로그   peoplesbooks.tistory.com
페이스북   www.facebook.com/pepobooks

ISBN   979-11-86351-04-8 (03000)

이 도서의 국립중앙도서관 출판예정도서목록(CIP)은 서지정보유통지원시스템 홈페이지(http://seoji.nl.go.kr)와
국가자료공동목록시스템(http://www.nl.go.kr/kolisnet)에서 이용하실 수 있습니다. (CIP제어번호 : CIP2016004993)

홍창신 칼럼집

인생역경대학

머리말

'고을 주州' 자를 이름으로 달고 있는 도시는 대개 강을 끼고 있다고 보면 된다. 들여다보면 한자 '주州'는 내 천川자 사이에 세 개의 점이 찍힌 형상이다. 내 천川자는 물이 흘러가는 모양을 본떠 만든 글자이고 그 사이에 찍힌 점은 흐르는 물 가생이에 이룩된 땅을 이르는 것이라. 처음 사람들이 뿌리내리고 살 맞춤한 취락 조건으로 물가를 꼽았을 터. 오래된 도시 이름이 주州자를 얻은 연유일 것이다.

진주晉州는 지리산과 덕유산을 수원으로 하는 남강을 복판에 끼고 네 개의 자그만 산이 병풍을 두른 분지 안에 옴팍 들어앉아 있다. 맑은 물 넉넉한 강 따라 너른 들이 펼쳐졌으니 먹고살기 고만고만하고 기후 모질지 않아 사람들 성정이 순후하다 알려졌다.

하지만 쉬 순치되지 않는 반골적 기질 또한 본디의 생리적 기전인가. 성 안 사람들이 몰사할 정도로 항전한 계사년 전투나, 탐욕스런 관리의 학정을 참지 못하고 맞서 싸운 임술년 농민항쟁, 천대받던 백정들이 스스로 인간임을 선언한 형평운동 등이 진주를 거점으로 일어난 거친 변혁의 운동들이다.

그러나 1963년부터 50년 동안 딱 한번을 제외하고는 모두 기득권자의 손을 들어주는 완고한 정치의 땅이기도 하다. 고향과는 열 촌도 넘게 살던 이가 어느 날 중앙 권력자에 줄이 닿아 공천을 받으면 덜컥 국회의원이 된다. 일약 지역 최고의 권력자가 된 의원은 봉토에 납시듯 이따금 내려와 텔레비전에 얼굴을 비치며 '관리'한다. 지방자치 시대 이후에는 시장, 시의원, 도의원의 생사여탈권까지 쥐고 강고한 기득권 벨트를 엮어 고착을 노린다. 이것이 비단 진주만의 현상은 아닐 것이다. 이런 행태가 수십 년 지속함에도 이만큼의 형편이나마 유지하는 나라 꼴이 외려 신기할 지경이라 생각해왔다.

그 어디에 살건 사람 사는 세상에서는 굶는 이 없어야 하고 아프면 치료받아야 한다. 느끼고 누려야 하기에 교육받아야 하고 등짝 붙일 거처가 있어야 한다.

그걸 제대로 해내라고 대리인을 뽑았으나 대개는 타락으로 보답한 것이 우리 정치사다. 협잡과 찬탈의 과정도 있었다. 나는 진주라는 변방에서 무지렁이의 시선으로 우리 현대사의 굴곡을 지켜보았다. 이 책에 실린 글은 그간 경남도민일보와 진주신문에 쓴 칼럼과 진주에 관한 몇 편의 추상이다.

경남도민일보, 진주신문은 한겨레신문에 이어 시민이 주주가 된 신문이다. 권력과 자본의 힘에 끄달리지 않는 '언론' 본연의 사명에 다가감으로써 그 신뢰성을 평가받고 있다. 나는 그들과의 인연을 자랑스럽게 여긴다.

이 가난한 글이 부끄러움을 뒤집어쓰고 책으로 엮이는 데 경남도민일보 김주완 국장의 힘이 컸다. 그의 노고를 잊지 못할 것이다.

내 인생의 세 여성
오직 하나뿐인 사랑하는 딸 소은(彩慎)과
끝까지 함께할 아주 특별한 친구 황선행,
오랜 동지이자 도반인 김수나에게
기념이 되었으면 좋겠다.

2016년 2월 들말에서, 홍창신

차례

1부

나의 진주 이야기

못재에서 떠오르는 풍경화 몇 점

못 가에는 잠자리가 하늘 가득 뒤덮고 있었다. 즐겨 먹는 생식인 각다귀과의 날것들은 개미골介尾谷과 북직골北直谷의 골짜기에 지천으로 널렸고, 포식자의 또 다른 먹이인 파리나 모기, 하루살이 등은 개미골을 등지고 못 가에 오종종하게 늘어선 낡은 집 주변으로 수없이 날고 있으니 절지동물문의 곤충인 이 포식자의 서식처로서는 최고의 환경이었다. 가을 하늘을 뒤덮고 유영하고 있는 이 멋진 비행체를 보는 것은 대단한 장관이었다.

지리산과 덕유산을 물 꼭지로 삼고 제각각 내려오다 너우니에서 얼싸안아 마른 땅을 적시며 남으로 흘러 이윽고 대해에 이르는 강 주변에 생긴 취락을, 오랜 세월 동안 강의 북쪽에서 가만히 내려다보고 있는 것이 진주의 주봉 비봉산이다.

진주는 비봉산을 중심으로 선학산, 망진산이 병풍처럼 둘러쳐져 꽤 큰 분지를 이루고 있지만, 비봉산을 넘어 북으로는 너른 들 하나 변변히 없이 올록볼록하게 솟은 야트막한 산과 굽이진 골짝으로 이어져 있다.

못은 그 골짝을 들어서는 초입에 있었고 못의 왼편으로 '못재'까지 이르는 찻길은 자가용은커녕 경운기도 귀한 시절이었음에도, 합천을 오가는 정기 버스 몇 대가 일으킨 먼지로 마실 나온 개까지 온통 흙먼지를 뽀얗게 뒤집어쓰고 있었다.

'가매못'이란 정겨운 이름의 못이었다. 이전부터 불리어진 이름이니 그 연원이사 뉘라서 알랴만, 옴폭하고 너부데데하게 생긴 꼴이 마치 가마솥을 앉혀 놓은 형용같기에 얻은 이름이지 싶다. 이미 땅속 저 깊은 곳에 금강석이라도 녹일 진한 불덩이가 있으니 그 위에 '소두방 때까리'만 달랑 얹으면, 못 가생이를 그득히 메운 연잎과 물풀과 그 물밑을 헤집고 다니는 미꾸라지에 가물치에 논고둥이며 붕어, 잉어의 모든 어족까지 걸쭉하게 고여진 '연잎어탕'이 될 것이란 상상을 하면서 말이다.

못 주변을 떼 지어 날고 있는 잠자리를 우리는 '수뱅이'라 불렀다. 그 늘씬한 날것들을 아이들이야 어디 보기만으로 만족하랴, 곤충의 생태에 관한 탐구심이 발동해 채집의 필요를 느낀 것이 물론 아님에도, 손가락 마디 사이마다 파르르 연하게 떠는 그 보드라운 날개를 접어 끼운 아이들은 두 팔을 치켜든 채 못둑을 달음질치고 있었다. 밀잠자리, 물잠자리, 고추잠자리가 못둑이나 연잎에 앉아 아주 독특한 고리 모양의 하트형 자세로 수컷의 꼬리 끝에 있는 거시기를 암컷의 머리 뒤쪽이나 앞가슴에 연결하고, 암컷은 배를 구부려 낭군의 절묘하고 난도 높은 체위 구사를 돕는 것이었다.

밀잠자리를 잡는 것이야 누워 떡 먹기이다. 잠시 착륙해 호흡을 고르는 녀석에게 까치발로 다가가 덥석 주우면 그만이었다.

그보다는 드문드문 높은 하늘을 선회하며 점잖은 날갯짓을 하는 왕잠자리인 장수잠자리가 아이들의 주된 포획 대상이었다. 우리가 '또니'라 부르던 녀석은 우람한 덩치에 어울리는 멋진 비행으로 위용을 과시했으며 이착륙의 솜씨 또한 대단히 날렵해 맨손으로 잡기에는 역부족인 걸물이었다.

녀석을 잡으려면 특별한 방법이 필요하다. 간짓대에 실을 달고 방금 잡은 밀잠자리를 한 마리 매달아 "수뱅아 저~ 수뱅아 저~" 하며 휘휘 돌리는 것이었다. 시방도 눈에 삼삼한 그 광경은 영화 〈흐르는 강물처럼〉에서 브래드 피트가 몬타나 협곡 바위에서 플라이 낚시를 하던 그 낚싯줄의 포물선 못지않은 멋진 영상으로 떠오른다. "또니 저~" 하며 휘익 휙 돌리면, 가만히 주시하며 주변을 선회하던 왕잠자리가 밀잠자리 몸체 위에 사뿐히 내려앉는 것이었다.

더러는 왕잠자리가 육식동물의 본성을 버리지 못해 동족의 연한 살을 베어 먹기도 한다지만, 설마 먹으려 덤비겠나! 종족 번식의 중차대한 사명 완수를 위함이 아니었겠나. 아이는 애욕에 빠져 분별을 잊은 그를 포획하는 것이다.

신작로는 못안골 뒤꼭지께에 붙은 못재를 가로지르며 열렸다. 재 너머 두어 개의 골짜기를 지나 언덕을 넘으면 '집현集賢'으로 이어지고, 내쳐 북으로 가서 그 이름도 고운 '미천美川'을 지나면 지명은 산청군으로 바뀌어 '생비량生比良'을 만나고, '대의大義', '삼가三嘉'를 지나 '합천陜

川'에 이르는 길인 것이다. 청나라를 다녀온 박제가가 그들을 부러워하며 주창한 네 바퀴 수레가 다닐 수 있는 도로의 개설은, 조선의 국력으로는 끝내 못하고 왜가 식민지 수탈 자원의 운반 수단으로 만들면서 이루어진 것이다.

못안골에서 과수깨나 심고 논마지기나 지녔던 선대는 조부가 어느 날 삿갓에 바랑 하나 메고 홀연히 집을 나선 후 종적을 감추고 연이어 집안에 상서롭지 못한 일이 생기니, 집 뒤로 길이 나면 집안이 망한다는 옛말이 맞아떨어진 결과라며 안태본인 못안골을 버리고 이사를 나왔다 한다.

하지만, 못재 어름의 산골짜기 곳곳에 조상의 뼈가 묻혔으니, 걸음대죽을 뗄 무렵부터 해마다 성묘길을 따라나섰던 나로서는 그 골짝들이 정겹기만 하였다. 더구나 아버지와 그의 형제들의 유년과 소년기의 기억들이 저장된 곳이기도 하여 고모들이 모이면 각자의 시각과 기억을 버무린 몇 가지의 에피소드들을 신물이 나도록 거듭하는 걸 들어 온 터수여서, 마치 당신들의 체험이 내 기억에 전이되어 내장된 듯이, 안골, 개미골, 북직골, 대롱골, 뒤지골, 왕지골, 고동골의 골짝골짝이 선연한 것이었다.

육이오를 만나 피난했던 이야기는 그중 으뜸의 레퍼토리라, 집안의 지도자 격이던 아버지가 쉰 명 남짓한 피붙이 살붙이를 인솔하여 난리를 피해 숨어 들어간 길목이기도 했던 그곳에 얽힌 피란비사는, 마치 복음서의 기록자에 따라 갈라진 네 가지의 예수 이야기처럼 각기 저마다의 버전이 있었다.

진주까지 인민군이 들어오니 낙동강 너머 부산까지 밀려간 피란 정부는 더이상의 진격을 막고자 폭격을 시작했다. 미군의 폭탄이 군민을 가리지 않고 쏟아지니 남강 다릿목의 우리 집은 영락없는 일차적 피폭 대상이라, 아버지로서는 가장 지형이 익숙한 못안골로 피란을 작정한 것이었다.

과수원 뒷산의 굴에 은신하고 있는데 지척에 있는 '일신^{진주여고의 전신}'이 폭격을 맞아 불이 났단다. '엇! 뜨거라' 해서 못재를 넘어 왕지골에 은신해 있다가 그조차 안전하지 못하다 하여 집현면과 산청의 경계인 웅석사 너머의 장안골까지 피난한 과정의 이야기이다. 도처에 널린 주검을 목도하며 각기 다른 세 개의 종교를 신앙하는 쉰여 명의 씨족 집단이 공포와 먹이, 핏줄, 종교 따위를 극복하며 살아남은 이야기들.

그 '가매못'이 매립된 것도 까마득히 오래전의 이야기다. 으레 그렇듯 아파트가 들어섰고 못안골 쪽으로 봉원중학교가 들어섰다. 지방 토호들이 관원과 결탁하여 요정에 앉아 도시계획의 밑그림을 그리고, 시행 이전에 미리 노른자위 땅을 사들여 단숨에 거금의 시세차익을 얻어 그것으로 정치인의 뒷돈을 감당하고, 그 돈을 선거에 뿌려 재선하고 다시 협잡이 시작되고…. 해방 이후 이 나라에서 벌어진 백성 등골빼기의 폐해는 이런 악순환의 연속이었다.

이곳도 '오도십적^{五盜十敵}'의 꼬리를 단 이의 콧김이 들어갔다는 풍문이 낭자하던 당시의 기억조차 이제는 아슴하다. 아파트 앞 길가엔 못이 있던 자리를 기념하고자 만들었다는 벤치 몇 개와 구겨져 있다.

그렇거나 말거나 해마다 사월이면 못재를 넘는 것이 진주 토박이로 살아가는 맛 중의 하나다. 재에 오르는 언덕부터 시작되는 배 밭 정경은 재를 넘는 것과 동시에 탄성을 자아내게 함이 손색없다. 마치 만세를 부르듯 골짝 골짝을 수놓으며 가지를 쳐든 복사꽃, 살구꽃, 배꽃의 행렬은 겨우내 얼어붙은 입을 절로 벌어지게 한다. 농사짓는 이들의 등골 빠지는 고생은 우선 잊고 그 장엄한 꽃 잔치에 빠져드는 것이다. 하지만 남의 열매를 소홀히 여기는 세상이니 그마저 오래 두고 볼 수 있으려나.

너우니

나는 아직도 학교 종이 '땡 땡 땡' 하고 울리는 줄로만 안다. 운동장 마당에 앉았는데 자동차 후진할 때 들리는 전자음이 울리더니 아이들이 우르르 쏟아져 나온다. 교무실 창문이 드르륵 열리며 '소사 아저씨'의 시꺼먼 팔뚝이 불쑥 나와 힘차게 흔들어 대던 그때의 그 '종'을 생각하던 나는 쓴웃음이 나왔다.

이 지역 초등학교를 돌아보아야 할 일이 있어 나선 걸음이었다. '그때'는 열 개도 채 안 되던 학교가 지금은 스물두 개였고 통합된 진양군까지 더하면 마흔네 개나 되었다. 지역 인구가 늘어난 탓도 있지만 학급의 정원을 줄인 것이 학교 증설로 이어졌나 보다.

아이들은 '대평 무시'처럼 허여멀쑥하고 땟국이 쏘옥 빠진 도회지 아이들의 맑고 깨끗한 얼굴들이었다. 너무 잘 먹어 소아 비만이 많다고 걱정하는 TV의 연속 기획물이 떠올라 유심히 살펴봤다. 한눈에 과체중임을 느낄 수 있는 아이들이 더러 보이긴 했지만 아직은 거의가 괜찮은 몸매들을 지니고 있었다.

예전보다 훨씬 작아 보이는 운동장 마당에서는 아이들이 축구를 하고 있었고 한쪽에서는 피구를 하고 있었다. 공 들고 노는 모습은 예나 지금이나 변함이 없었다. 뭘 발랐던지 깡충깡충 뛸 때마다 깎은 머리에 동전만큼 파인 '빠이독구^{머리에 생긴 기계충}' 자국이 번쩍거리고 까만 얼굴엔 버짐이 핀 그때의 그 아이들이 오버랩되면서, 아무리 행구어도 어쩔 수 없이 남아 있는 곰삭은 시간의 맛을 거슬러 올라간다.

굴이 있었다. 육이오 때 팠건 삼국시대에 팠건 그런 건 아무래도 좋았다. 우리에게 필요한 것은 오로지 '고무'였다. 자전거 타이어건 찢어진 고무신이건 아이들은 수단 좋게 그 '고무'를 확보하고 있었다.

들어서면 한여름에도 얼음 같은 물이 뚝뚝 떨어지는 깜깜한 굴속을 밝힐 수 있는 수단으로서 그것은 탁월한 선택이었다. 입구에 들어서 예닐곱 걸음쯤 가만가만 들어가 좌우로 꼬부라진 굴의 오른쪽으로 돌면 긴장이 최고조에 달한다. 어둠 속 천장에 매달려 있을 무수한 박쥐가 언제 공격해 올지 모르기 때문이다.

침입자를 만난 박쥐들이 일시에 날개를 퍼덕이며 좁은 굴속을 떼 지어 날기 시작하는 것과 동시에, 앞장선 녀석이 불붙은 고무를 황급히 내던지고 돌아서고 한 떼의 개구쟁이들은 함성을 지르며 굴 밖으로 도망을 나오는 것이 그 게임의 끝이었다. 코밑은 모두 그을음으로 시꺼멓고 하얀 데드롱 교복은 땀으로 범벅인 채로 종소리가 울리면 교실로 들어가는 것이다.

누군들 그렇지 않으랴만 초등학교 오륙 학년 그 두 해를 지금도 잊을 수 없다. 사범학교가 교육대학으로 바뀌면서 부속된 초등학교 학생을 모집한다는 얘기를 난 어디서 들었던가? 배영학교에 어지간히 정이 들었건만 4학년을 마친 그해에 학구가 맞지 않다는 이유로 나란히 붙어 있는 중안학교로 강제 편입된 나는, 학생 수도 많고 아이들이 거칠어 보이는 중안학교가 편치 않았나 보다. 여느 초등학교와는 달리 '월납금'까지 납부해야 한다는 그 학교를 나는 부모님 몰래 시험을 쳐서 들어간 것이다.

따로 교사가 지어지기 전이라 교육대학 교사를 한 동 빌려 쓰던 그 학교에 통틀어 두 학급인 120명 아이들은, 드넓은 교육대학의 마당과 뒷산을 헤집고 다니며 소년의 시간을 만끽했다.

시방의 다른 대학 캠퍼스와 비교하면 좁아터진 것이었지만, 우리는 마치 꼬마 대학생이나 된 듯 아름드리 나무가 그늘을 만들어 주는 잔디 위에서 뒹굴었다. 학교에서 담장 하나 넘어 논둑을 타고 논 서너 마지기만 지나면 우리 집이 있던 나는, 땅거미가 져서 도서관 담당 선생님이 내쫓을 때까지 책을 읽었다. 〈오성과 한음〉과는 달리 길고 진진한 이야기책인 〈톰 소여의 모험〉이나 〈허클베리 핀의 모험〉은 비슷한 또래의 나를 흥분시키기에 충분했다

남강댐이 만들어지기 전이었다. 지금은 그 초입에 빼곡하게 아파트가 줄지어 있지만, 그때 평거동에서 가장 큰 건물은 성냥공장이었고, 수곡·대평·하동 쪽으로 이어지는 유일한 찻길 가로 플라타너스와 몇 채의 집들이 먼지를 뒤집어쓴 채 서 있었을 따름이었다.

남강은 지리산 계곡의 덕천수가 굽이돌아 중산리로 모여 덕산을 타고 내리며 덕천강이라 이름 지어져 내려온 맑은 물과, 덕유산에서 발원한 남천수가 함양, 산청을 휘감아 내려오며 경호강이라 일컬어진 강이, '너우니'에서 얼싸안으며 그 이름을 얻은 강이다.

지금은 댐 탓에 수장되었지만 '너우니'란 아름다운 이름은 유식한 관리들에 의해 '광탄진廣灘津'이라 기록되어 있는데 '넓은 여울이 있는 나루'란 뜻으로, 1894년 시월 진주 동학농민군이 집결하여 단숨에 진주성을 점령한 뜻깊은 곳이다.

'산자수명'이란 말이 어울리게 세세연년 물이 맑고 마르지 않으니, 강가에 옹기종기 모여 있던 마을들이 해마다 홍수가 나면 그 난리가 보통이 아니었다. 남강이 범람하면 평거·신안동 일대는 물론이고 지금의 시외버스 정류장이 있는 장대동과 도동의 '큰들'이 온통 잠겨 많은 수재민을 낳았다.

지금도 그 자리를 지키고 있지만 교육대학과 부속초등학교가 위치한 곳은 진주의 서쪽, 그 방위의 경계는 너우니에서 내려오는 물이 범람하여 나불천으로 역류하며 넘어와 시내를 덮칠까 봐 물막이로 만든 서장대 밑에서 유곡동까지 이어진 아름다운 '둑'이었다.

홍수가 나서 남강이 넘치면 우리는 더욱 신이 났다. 휴교령이 내려 학교에 가지 않아도 되었음은 물론이고(신안동 아이들의 학군이 중안초등학교였으므로) 집집마다 청으로 방으로 물이 차오르니 모두 대피할 도리밖에 없었다.

대피처인 교육대학 강당으로 주민 모두가 소개되면, 어른들이 느끼는 고달픔 따위는 아랑곳없이 아이들은 바야흐로 해방의 기쁨을 만끽하는 것이었다. 깜깜하도록 축구니 '뻬스뽈'(글러브나 배트도 없이 하는 손 야구를 그리 불렀다)을 하느라 해지는 것도 아랑곳없이 뭉쳐 있노라면, 집집이 찾아 나선 엄마나 누나들이 내지르는 악다구니에 못 이겨 압송당해 가던 악동들이 단체로 합숙을 하게 되었으니, 그 재미가 이루 다 말할 수가 있을 것인가.

평소엔 접근 금지 구역이던 대학의 탁구장이며 농구 코트며 오르간이 즐비한 음악당까지 우리 세상인 듯 헤집고 다니고, 이제 여드름 자국이 낯짝을 온통 뒤덮은 중딩·고딩 형들은 여자아이들과의 합숙이라는 뜻밖의 횡재에 달떠 연신 코를 벌름거리고 흠흠거리며 어른 행세를 하고 다니던 것이다.

신안벌과 시내는 '만물또랑'(지금은 복개된 나불천을 그리 불렀다.)의 범람으로 호롱교가 넘쳐 완전히 차단된 상태였다. 어느 때 어느 상황이건 득실이나 이해의 명암이 엇갈리듯, 이런 지경에도 맘놓고 값을 올리며 톡톡한 재미까지 보는 이가 있었으니, 그는 '말꾼'이었다. 달구지에 드럼통 8개를 두 줄로 포개 놓고 밧줄로 옹차게 묶어 그 위에 사람이 타는 것이다. 범람의 와중에도 꼭 시내로 넘어가야 하는 이들은, 돌 난간만 간신히 보이는 그 길을 마부의 어림짐작에 운명을 맡긴 채 둑을 향해 올라가는 것이었다.

차가 귀할 때이니 웬만한 거리는 걸었고, 급하면 전화 있는 집에 달려가 '20번 택시'를 불렀다. 화물 수송 수단으로 '쓰리쿼트'나 '제에무시^{GMC}'가 있었지만, '리아카'나 '말 구루마'가 더 손쉽던 시대였던 것이다. 어쨌거나 우리의 소망은 부디 하늘에 큰 구멍이 뚫려 석 달 열흘을 더욱 세차게 비가 내려 이 맛난 난민의 시간이 연장되는 것이었다.

수업을 마치는 벨이 울리니 교문 옆길에는 학원 차가 즐비하게 늘어선다. 먹이를 구하느라 숭어뜀을 뛰는 어른들도 바쁘지만 아이들도 바쁜 세상이다. 아이들은 미술학원을 마치면 음악학원으로, 그걸 마치면 영어학원으로 숨쉴 틈 없이 학원을 옮기며 '공부'란 걸 한다.

그들도 땅거미가 져야 집으로 돌아가지만 '그때' 꽁보리밥에 개떡을 먹던 아이들과는 그 일과가 다른 것이다. 이제 넘치도록 풍성한 식단으로 아이들의 영양 과잉을 걱정하는 세상이 되었다. 죽니 사니 하여도 차 없는 이가 드물고 집집이 아니라 손마다 전화를 들고 마트에는 물자가 넘친다. 그럼, 살림살이가 늘어난 만큼 과연 우리는 행복해진 것일까? 학교 마당에는 지는 유월의 땡볕이 내리쬔다.

솔티

'솔티'는 버스에서 내려 비스듬한 길을 따라 올라가면 야트막한 고갯길이 나오는데 그 등성이를 이르는 묵은 지명이다.

하동, 순천을 거쳐 목포까지 이어진 철로가 가로지른 그 산등성이는 평지에 비해 별반 높아 보이지 않지만 '치峙'니 '현峴'이니 하는 이름자 붙은 곳이 그렇듯 봉우리를 헐어 철로를 놓고 길을 내고 하는 통에 높이가 많이 깎여, 내처 걸어 올라도 숨이 찰 정도는 아니었다.

아카시아 무성한 굽이진 길을 돌아내려가 관목 숲 모랭이를 지나면 '까꿍' 하듯이 시야가 트이며 동네 하나가 나타난다.

신통하게도 '절'의 대청마루에서 목침을 베고 누웠다가 근 1km나 떨어진 솔티 언덕배기를 넘어 나풀나풀 흔드는 팔짓이나 걸음대죽만 보고도 "전동 아지매가 둔덕골 밭을 다 매고 오는구나", "원전양반이 왕새장에 갔다가 탁배기 몇 잔에 얼큰해져 오는구나" 하고 알아맞히는 것이 그 동네 사람들의 눈대중이었다. 거 무슨 신묘한 영약을 마셔 천리안의 시력을 가졌겠나, 골짜기 안에 오막조막 오십여 호의 집들이 데분데분 붙어 어느 집 살강 밑에 숟가락이 몇 개 놓였는지조차 속속들이 알고 있는 처지였으니 옷자락 팔랑 하면 어느 구멍의 뉘인지 아는 것은 예사였다.

동네는 마주 선 산을 등진 채로 안골과 건넷골로 나누어져 있고 그 동네의 끝에서부터 펼쳐졌던 전답은 모두 수몰되어, 두어 그루 꼿꼿이 버틴 버드나무엔 인공호의 수위에 따라 드나든 흙탕 자국이 정강이나 무릎께에 눈금 쳐져 있었다.

'연평延坪'은 좌우로 갈라진 골짜기의 오른쪽이 남향으로 앉은 '안골'로 스무남은 채 집들이 산 밑으로 쭉 늘어서 있고, '덜떠골'이라 이르는 돌다리가 얹혀진 수로를 건너 댓 마지기의 논을 건너면 건넷골에 이르는데 '절'은 그 초입의 언덕바지에 있었다.

말이 절이지 불상을 모신 것도 아니고 먹물 옷 입고 스님 흉내를 내는 이도 없었다. 방 두 칸에 손바닥만 한 눈썹 청이 있고 8자를 옆으로 놓은 듯 생긴 문고리 하나, 튼실한 정지^{정주간}엔 불 먹은 흔적이 몇 해째인지 모를 소두방만 달랑 얹혀진 초가였다. 담부랑 명색이라 쌓아 놓은 돌더미 너머로 '너불대'라 부르는 구렁이 한 마리가 무시로 넘나들고, 아직도 무슨 새인지 그 이름을 모를 "허허허" 하고 웃는 새가 마당을 가로질러 날곤 하는 집이었다.

그 새파란 나이에 무슨 세상을 짊어진 고뇌가 있다고 어느 날 내 병이 도지면 보따리 하나 달랑 들고 장대동 주차장에서 하동 가는 버스를 타고 풀풀 먼지 나는 길을 사오십 분 자갈을 차며 덜컹거리다 솔티에서 내렸다. 재 아래 무성한 관목 숲의 모롱이를 돌면 코끝 싸한 그리운 냄새가 있는 나만의 소도가 거기 있었던 것이다.

중학 동창인 내 친구 김경래(金庚米를 따라 그의 고향 연평을 처음 간
것은 아마 18살 나던 여름이었던가 한다. 찻길을 두고 뱃길을 선택
한 것은 순전히 새로운 길에 대한 호기심 때문이었다.

손기정이 베를린에서 달음박질로 1등을 하고, 우리 큰누님 나던 해
인 1936년 8월에 큰비가 쏟아져 남강이 범람하여 인사, 장대동에
둑이 다 터지고 진주가 온통 물에 잠겼을 때였다. 이미 합방 전인
1903년부터 하나둘씩 이주해 와서 살던 왜인들이 이제 영락없는 제
땅임을 추호도 의심하지 않고 항구적인 수해 방지책으로 남강 상류
에 댐을 세우기로 작정하고 총독부에 탄원하여 예산도 확보하고 설
계도 마치고 하였지만, 아시아 대륙을 꿀딱 삼키는 것도 모자라 아
메리카꺼정 집적여 파죽지세로 뻗어나가던 왜(倭가, 전세가 불리해지
자 댐이고 자시고 간에 내 살려라 하고 내빼고 말았다.

물난리야 어디 정세를 가리고 닥치는 일이던가. 해마다 수재의연금
을 걷다가 20여 년이 지난 후에야 댐을 착공하여 7년 6개월의 역사
끝에 완공된 것이 그즈음이었다. 덕분에 물난리는 피할 수 있었지만
귀곡, 대평, 마동, 완사의 옥답들이 홀방 수장되어 '진양호'라는 거대
한 인공호수가 생겼다.

바다를 한참이나 저 너머에 둔 내륙의 땅 진주에 이른바 '동력선'이
뜨고 '물 반, 고기 반'이란 소문이 금세 파다하게 퍼져 전국의 낚시꾼
이 몰려들고 이 엄청난 인공의 역사를 관람하려는 사람들을 위해

유람선이 떴다. 선착장에서 빤히 보이는 그곳 연평을 이미 작정한 엄연한 항로를 따라가자니 뱃길로 한참을 에돌아갔다.

대평에서 내려 10리를 걸어 마동에 당도하니, 마동 나루에는 얼기설기 짜맞춘 앙증맞은 조각배가 수초에 묻혀 있었고 강 건너로 굵은 철삿줄이 늘어져 있었다. 줄을 잡아당겨 강을 건너는 장력선掌力船이었던 것이다.

골짜기에서 땅 파는 일로 살아온 그들이 졸지에 전답이 수몰되니 그들이 맞은 일상의 혼란과 정신적 공황이 흉흉하게 드러났다. 대토代土로 받은 평생 처음 만져 보는 보상금을 하룻밤 노름으로 날려 버린 사람이 있는가 하면 눈 밝은 대처의 사기꾼에게 털려 버리기도 하고 웬수 같은 도회의 자식들이 득달같이 달려와 '튀겨 주마'하고 몰수해 간 집도 있었다. 이농 현상이 시작된 즈음이었던 것이다.

아직은 남아 있던 젊은이들이 땅거미가 지면 '절'에 모여 밤을 밝혔다. 서리라면 이미 이골이 난 촌 동무들은 닭이니 오리니 감자, 수박을 겨끔내기로 거둬 와서는 중구난방의 객소리와, 택호와 당호가 실명으로 얹힌 그 지역 특산의 음담패설로 시간 가는 줄을 몰랐다.

싹실양반 큰아들 동무 되는 파리한 진주 건달에 붙어 밤마다 마을 장정들이 빈집에서 밤을 밝힌다는 건 동네 사람이 다 아는지라 제 삿밥도 어김없이 배달되었다. 밤새 놀다가도 그들은 새벽이면 모두 들일을 나갔다. 한창 식목이 장려되던 시기라 묘목 접붙이기로 일당을 벌어왔다.

솔티가 바라보이는 청에 목침을 괴고 책을 뒤적이는 아침나절엔 소쩍새가 유난히 울었다. 자귀·불여귀·귀촉·두건·접동이란 이름으로 수없이 고금의 시재로 쓰인 이 새에 얽힌 갖가지 전설도 많지만, 흉년에 식구는 많고 먹을 것은 없어 배를 곯던 아이가 죽어 새가 되어 '솥이 적다'고 운다는 것이 이 동네 버전이었다. 빈집이라 전기마저 끊겨 등잔을 밝혀둔 방에서 자다 깨어 보면 책 틈에 반딧불이가 들어와 형광색을 선연하게 드러내곤 하던 내 이십 대의 소도였다.

그 후 진주에서 이런저런 일로 밥벌이를 하면서 그 동네 사람들을 가끔 만났다. 쓰레기 치우는 사람, 폐품 수집상, 수하물 운반원이 돼 있는 사람들. 심지어 곱사등이 봉구는 동전을 구걸하러 다니는 걸인이 되어 있었다. 가난해도 그리 당당하던 그들이 땅을 잃고 도시 빈민으로 스며들어 고달픈 삶을 건디고 있는 것이었다.

훗날 진양호의 물을 더 가두느라 댐을 더 높이 쌓아 그나마 남아 있던 대평의 들은 완전히 수몰되었다. 물속에 애 터진 삶의 흔적들을 장사 지내고, 마동 나루터에는 '진수대교'란 다리가 걸쳐졌다.

호반을 따라 수십km 포장길 가로 배롱나무가 불볕더위를 아랑곳 않고 붉게 웃으며 줄지어 서 있다. 그때를 잊지 못해 그 언저리를 서성이던 나는 올해 그곳이 건너다보이는 마을로 집을 옮겼다. 십 년이면 강산도 변한다는 케케묵은 속담도 있는데 하물며 삼십 년이랴. 이제는 그 모캣불 냄새조차 아련한 '절' 터가 멀찍이 보이는 길을 오가며 그 밤, 책갈피 속의 연두색과 소쩍새의 울음을 반추한다.

거꾸로 오른 다솔사

한 보따리 책을 배낭에 담아 메고는 다솔사 역에 내렸다. 그 동네 지형에 밝다는 완사 솔티 너머에 사는 김경래가 앞장을 서고 형이자 지우인 홍창지, 이금철과 소풍 가듯이 흥얼거리며 무작정 산을 향해 오른 것이다.

산등성이를 넘으면 암자가 있다는 녀석의 말만 믿고 밭을 썰고 솔을 헤쳐 제법이나 올랐다. 오목한 사발 젖처럼 생겼다 하여 가근방에 사람들은 유방산이라 부르는 봉명산의 정수리가 보이는 산 뒤편에는 편평한 평원이 있고 그 줄기 아래 울창한 나무 틈에 수줍은 듯 암자가 있었다. 목표로 삼은 미륵암이다.

행장 차리고 나선 등산이 아닐지라도 오르며 하늘 가까이의 바람도 맞고 나무도 살피며 저자에서와는 사뭇 다른 얘기도 나누며 오르련만, 십 대의 네 천둥벌거숭이는 길도 없는 산을 마구잡이로 썰어 오른 터수라 물불 안 가리는 나이였건만 모두 헉헉거리며 널브러졌다.

땀에 전 옷을 수습하고 암자의 돌계단을 올라 기척을 내니 젊은 여승이 굳은 표정으로 모습을 드러냈다. 그리 가까이서 비구니를 본

적도 없거니와 말을 나누어본 적은 더더욱 없었던 터라 적잖이 당황했다. 그럼에도, 자발머리없이 '곱다'는 생각이 먼저 들었다.

배코 친 젊은 여승의 얼굴은 맑고 깨끗했다. "여긴 어떻게…" 하며 말끝을 흐리는데 정신이 퍼뜩 들어 "아… 저… 공부하러…" 말이 끝나기도 전에 "여기는 비구니 스님들만 있으니 남정네는 받아들일 수가 없습니다" 하는 말이 되돌아온다. 허탈하여 맥없이 되돌아 나오는 것이 보기에 안됐던지 산 너머 다솔사로 가보라고 한다.

여자의 업장이 더 두텁다 하여 비구보다 더 엄격하고 많은 계율을 지켜야 하는 비구니는 특히 8기계가 있어 살생, 도둑질, 음행, 망어에다 촉남자의 몸에 닿는 것 등의 계율을 어기면 교단에서 쫓겨난다고 하는데, 제대로 알지도 못하면서 무작정 비구니 암자인 산꼭대기까지 오르게 한 동무를 타박하며 유방산의 유두를 향해 길을 잡았다. 멀리 사천만이 보였다.

절은 피폐해 있었다. 승복 입은 이가 모두 셋이었는데 허리가 거의 기역자로 굽은 노승은 공양 때 이외엔 볼 수가 없었고, 마르고 큰 키에 눈매가 서늘한 30대의 승려가 '총무'라는 직임을 맡아 절의 살림을 도맡아 보는 모양이었다. 나머지 한 사람은 먹물 옷을 입었으되 '처사님'으로 불리며 잡다한 허드렛일을 하고 있었다.

절집을 들어서면 흔히 있는 일주문이나 천왕문도 없이 편백나무와 삼나무 숲을 지나 노송이 우거진 오솔길을 따라 오르면 스미듯 들어설 수 있는 아름다운 절이었건만, 오르락거리는 보살 명색도 없었고 천도제 한번 올리러 오는 신도조차 없었다. 이따금 절 아래 솔밭에서 확성기를 절 쪽으로 향해 찬송가를 목청껏 불러 제치는 발칙한 이교도들이 있을 뿐이었다. 절집 살림이 그러니 어엿한 사하촌이 있기는 고사하고 절 아래 못가의 외딴집에서 나이 든 과수댁이 농사 틈틈이 이름뿐인 술청을 열고 있었다.

그렇거나 말거나 공부를 빙자해 입산한 우리는 추상 같을 절집의 법도가 깨어진 느슨한 산중 살림을 다행히 여기며 천방지축으로 봉명산 아랫도리를 훑고 다녔다. 산중턱의 암자인 북암에는 나이 든 고시생들이 여남은 있었지만 다솔사 요사채에 객식구로 눌러앉은 이들은 그보다 나이가 어렸다. 재수생이 둘이요 전문학교 다니다 편입시험을 보려는 이가 둘, 그리고 이도 저도 아닌 나까지 모두 다섯 명이었다.

절은 너무도 고요했다. 으레 산중 절집의 옆구리에 둘러붙은 계곡의 물소리가 고요를 깨기도 하련만, 해발 300m 남짓한 봉명산과 어깨를 걸고 있는 산이 없는지라 와지 또한 없었다. 요사채 옆 멀찍이 물더무에 대나무 통을 타고 떨어지는 방울진 물소리가 있을 뿐이었다. 우리는 공부 틈틈이 대양루 아래 너른 잔디밭에 드러누워 지천에 아름드리로 서서 풍기는 소나무의 찐득한 향 내음을 맡으며 산중의 고요를 즐겼다.

절집 사람들과도 이내 친해졌다. 대꼬챙이 같은 총무스님은 슬슬 피해 다녔지만 '처사님'과는 조손뻘의 나이 차에도 불구하고 맞담배질을 하며 헤헤거렸다. 60대의 처사는 전라도 곡성 출신이라는데 일찍이 간질병을 얻어 고통을 겪다가 공들여 불전에 치성을 드린 이후 발작이 잦아들었다 한다. 부처님의 영험으로 사람 구실을 하게 된 것을 보답하고자 평생 절간의 불목하니로 지내며 부처님을 공양하기로 작정했다는 것이다. 부처님 공양과 흡연은 일절 무관하다고 주장하는 이 어른, 담배를 어찌나 맛나게 태우는지 앞니 몇 개를 제하곤 모두 빠지고 없는 주름진 입술에 담배를 물면 양 볼이 오목하게 빨려 들어가도록 몰씬하게 빨아들이곤 했다.

시도 때도 없이 추동에서부터 소주 됫병을 나발을 불며 산길을 올라오는 '거사님'도 우리의 동무였다. 코끝이 빨간 이 오십 대의 사나이는 직임이 절집의 보수 유지인데 근무 시간이 정해져 있진 않은 모양이다. 거시기가 한 자 다섯 치나 되어 배필을 구할 길이 없던 왕이 곡절 끝에 장가를 들게 된 이야기로 우리 배꼽을 쥐게 했던 신라의 지증왕 시절에 창건된 절의 '대목'이 '불사'가 없으니 늘상 소주 됫병을 옆구리에 차고 있었던 것이다.

우리는 불경스럽게도 절집에서의 금기란 금기는 모두 범하며 시시덕거리고 다녔다. 나이 따위는 개의치 않고 깊은 보리심으로 망나니들의 배냇짓을 너르게 받아 동무가 되어준 처사님, 거사님이 오로지 존경스럽기만 했다. 지팡이에 의지한 노장 스님은 우리를 쫓을 수 없었고 다만 대꼬챙이 총무 스님만 피하면 되는 일이었다.

스님은 아무 말이 없었다. 화로에 올려놓은 쇠 주전자의 물 끓는 소리만 좁은 방안을 가득 메웠다. 설한 삭풍이 불었다가 뇌성벽력이 쳤다가 증기차가 뜨거운 김을 내뿜듯 주전자 뚜껑까지 달싹거리며 기묘한 소리가 났다. 이제 열여덟의 허리쯤에 선 천둥벌거숭이인 나는 그 묘한 분위기에 압도당해 있었다. 이윽고 물을 식히고 조그만 종지에 연둣빛 차를 따라 가만히 앞으로 내밀었다. 스님이 마시는 모습을 곁눈질로 살피며 한 모금 입에 넣으니 코끝을 스치던 풋풋한 단향과는 달리 쓰기만 했다. 몇 잔을 마셨는지 모른다. 스님은 붓고 또 부어 내 잔을 채웠다. 얼마나 시간이 흘렀을까? 내가 전보다 훨씬 공손해진 태도로 허리를 꺾어 인사하고 나갈 때까지 스님은 한마디도 하지 않았다. 원체 작은 체구에 허리까지 굽어 한 뼘밖에 되어 보이지 않던 스님이 엄청난 거인으로 느껴졌다.

그날따라 혼자서 동쪽 요사채 앞, 만해가 심었다는 나무 밑을 어슬렁거리다가, 조롱박에 물을 한잔 마셨다가, 큰 법당 뒤를 돌아 아무렇게나 자란 관목이 퍼렇게 늘어선 법당 옆 노장 스님의 방 앞에까지 이른 것이다. 열려 있던 문으로 물끄러미 내다보던 스님이 가만히 손짓으로 부르기에 빨리듯 들어선 방이었다.

절집 분위기가 심상찮았다. 총무 스님이 바지런히 오가며 공양주를 닦달하고 처사님도 연신 파인 볼을 움씰거리며 비질을 하는 것이 평소같지 않게 부산했다.

책 한 권을 들고 요사채 계단을 내려서니 대양루 앞 널찍한 잔디밭에 초로의 남자가 노송이 우거진 산 아래를 내려다보며 서 있었다. 키가 큼직하고 줄지 남방에 회색 바지를 입었는데 범상치 않아 보였다. 해우소 쪽으로 종달음을 치는 처사님을 붙들고 저이가 누구시냐 물으니 눈을 홉뜨고 잦아드는 목소리로 "주지 스님이여, 주지 스님" 그러고 잽싸게 지나간다. "뭔 중이 머리도 안 깎고 승복도 안 입고…." 그리 혼자 웅얼거렸지만 그날로 우리의 만행(!)은 끝났다.

국전 심사위원이다 뭐다 하는 중앙의 문화 예술계 거물들이 연신 당도하며 오롯한 우리의 놀이터이던 거점들이 접수당하고, 우리는 반연금 상태로 각기 방에 가두어졌다. 항상 닫혀 있던 주지 스님의 방도 활짝 열려 생기가 돌았다.

그리고 얼마 후, 흰 두루마기에 허연 수염을 휘날리며 청장년에 둘러싸인 채 절 마당을 들어서는 옥골선풍의 노인이 있었으니, 그이는 함석헌 선생이었다. 씨알 회원들과 지리산을 오르려고 가던 중 들렀다는 것이다. 효당 스님은 크게 기뻐하며 융숭히 맞아들였다. 그날 우리는 효당 스님의 방인 죽로지실에 모여 씨알 선생께 법배로 절 다섯 번을 하고 강의를 들었다. 사양하는 씨알을 상석에 모시고 일강을 요청하니 선생은 자작시 한 수를 읊고 그 뜻을 풀어내는데 철부지이던 내 귀에는 아득한 환청으로 들리더라.

신도들이 드나들며 불전도 바치고 먹을 것도 져다 날라야 굳이 절집의 법도가 지켜짐은 아니란 것을 증명하듯 절집에도 어른이 뜨자 흐트러져 있던 것들이 제자리에 정돈되었다. 산사의 24시간은 길었다. 고라니 떼처럼 몰려다니며 헛짓을 하는 시간도 있었지만 절간에서의 공부는 높은 집중력을 가질 수 있어 좋았다. 내 공부라야 고등한 고시에 붙어 어사화를 꽂는 것도 아니고 중도에 때려치운 고등학교의 졸업자격을 따는 시험을 보는 것이었으니, 곁에서 보긴 우스운 짓거리였겠지만 딴엔 절체절명의 위기감을 느끼고 매달리던 터였다.

부모님 속을 무던히 태웠다던 가형이 제대한 후 마음을 잡고 중학 교사로 한 이태 지내다가 갑자기 세상을 떴다. 학교는 다녀 뭐하냐고 큰소리치며 무거운 책보따리에 빡빡 깎고 다니는 동무들을 비웃으며 헛짓을 일삼던 나는 졸지에 당한 형의 죽음에 충격받았다. 그래서 싼 보따리였는데 작정하고 나선 여름 한철을 다 보내기도 전에 집안에 또 다른 변고가 생겨 절집을 내려올 수밖에 없었다. 나쁜 일은 떼를 지어 오더라.

1970년 여름 잠시 머물렀던 다솔사의 기억이다. 열여덟의 나이이던 나는 자신이 세상의 외줄 위에 서 있는지도 모르는 천방지축의 어름산이였다. 예정했던 일정을 당겨 접고 집으로 돌아와 세상에 빠져 허우적거리다 문득 그때의 일들이 떠오르곤 했다. 대양루 밑 너른 잔디밭에 누워 바라보던 별, 요사채 앞 가죽나무에 걸린 초승달, 한밤 깊고 깊은 해우소에서의 무섬증, 한 뼘밖에 안 돼 보이는 어깨에 눈빛만 형형했던 노장 스님, 그리고 그이가 말없이 건네주던 작설차. 서른도 채 안 돼 보이는 나이에 과수댁이 되어 다섯 살배기 딸을 데리고 공양주로 들어온 아낙의 슬픈 눈빛, 그를 은애하면서 부러 모질게 대하던 총무 스님의 마른기침. 사랑하던 이가 있었느냐는 악우들의 짓궂고 집요한 물음에 볼이 오목하게 들어가도록 연기만 빨아대던 처사님, 오랜 세월 풀어헤쳤다 다시 싸 넣기를 되풀이한 탓에 어언 36년의 세월이 흘렀건만 그때의 기억이 생생하다.

추동 찻길에서 다솔사 올라가는 길가로 찻집도 생기고 새 길도 났다. 저수지의 물도 예나 다름없이 고만고만하고 물길을 잣고 헤엄치는 오리도 그때와 다름이 없다. 하지만, 입구의 주차장에다 매점의 궁상맞은 꼴 하며가 우선 비위를 상하게 한다. 그 좋던 대양루 밑 반듯한 장방형의 잔디밭은 해우소 밑까지 주차장으로 변했다. 한가운데다 새시로 엮어 염주니 목탁이니를 파는 기념품 가게가 옆구리에다 좌판을 걸쳐놓았는데 염불 테이프가 쉼 없이 돌아간다. 대양루 왼편 우리가 공부하던 요사채는 없던 담장을 둘러치고 나무문은 잠겨 있다. 오른편 효당의 거처이던 '죽로지실'은 종무소가 되었고 이어 붙은 요사채 앞 화단에 있던 만해의 기념식수는 표식조차 없어졌다. 절 마당엔 기와 불사를 한다고 기왓장이 어지럽게 놓여 있고 비닐에 담긴 쌀 봉지 위에 '공양미 3000원'이란 종이가 붙어있다. '적멸보궁'이라 붙여진 큰 법당에는 와불이 누워 있고 그 위로 법당 뒷벽에 구멍을 뚫어 끼운 투명한 유리 너머로 빤질빤질한 사리탑이 생뚱맞게 서 있다. 대양루는 굳게 닫혔던 문짝들이 걷히고 휑뎅그레한 속살을 보이며 헛헛이 서 있다. 절 뒤로 아무렇게나 서 있던 차나무는 어디선가 옮겨와 심은 차나무와 함께 동그맣게 깎여 옹종거리고 앉아 있다.

어떤 능력 있는 스님이 부임하여 불사에 불사를 거듭하여 절 살림은 나아졌는지 모르지만 다솔사는 이미 혼이 나가버린 미이라처럼 서 있었다. 세월이란 놈은 모든 걸 변하게 하지만 기품을 잃으면 끝이라는 생각을 다시금 하였다. 하물며 인간이랴.

차를 마시지만 아직 차를 모른다. 차인들이 들으면 기겁할 소리지만, 중작 녹차를 서너 잔 마시고 피우는 담배 맛이 그야말로 일품이라는 것밖에는. 수준이 그리 천박하니 감히 차를 놓고 이렇고 저렇고를 운위할 입장이 아니다. 다만, 차가 주는 '소통'으로서의 가치를 높이 칠 뿐이다. 대상을 동무 되게 하고 함께 있게 하는 것 말이다. 물을 끓이고 식히고 잔을 데우고 천천히 따르고 정중히 권하고, 이런 일련의 과정 속에 차향이 번지는 것과 함께 소통의 곡선이 그어지는 것이다. '말'은 있어도 좋고 없어도 좋지 않은가.

운명의 날줄은 지척에 있어 오묘한 차의 세계에 이르게 했을 '효당' 그 어른과의 인연을 가르고 말았다. 하지만, 법명조차 묻지 못한 노스님과의 찻 자리, 그 묵언의 시간은 내 속에 각인되어 있다.

사라진 것들에 대하여
극장거리의 추억

중학 시절 국문법보다는 한자 교육에 훨씬 열심이던 독한 국어 선생을 만났다. 평교사의 평균 연령을 훨씬 넘어선 그이는 한글 전용이 교육 정책의 대세로 굳어 가는 것에 매우 불만이 컸던 모양이다. 까까중 머리들에겐 그저 복잡한 도형으로 여겨지는 중국의 문자에 지나칠 정도로 집착했다. 자작시인 칠오조 시조에 정체불명의 멜로디를 붙여 노래를 시키는 통에, 4층 꼭대기 음악실에서나 들릴 법한 여드름쟁이들의 합창이 다닥다닥 붙은 교실 한가운데서 울려 퍼져 수업 중이던 옆방 선생님들의 불만을 사곤 했다.

깡마른 체구에 도수 높은 안경을 낀 그 대머리 선생님의 휴대용 학습기인 옹차게 마디진 '대뿌리'에 손바닥과 정수리를 헌납하면서 우리는 〈소년이로학난성少年易老學難成〉을 배웠다. "이노무 자슥들, 느그 난중에 내한테 고맙다 쿨끼다" 하던 그이의 말씀대로 훈訓을 따져 단어를 해체하는 작업을 통해 널려진 만물의 이름들이 하나씩 새롭게 들어오기 시작했다.

'시공관'과 '용사 회관'도 그 이름의 연원을 그리 짐작하니 고개가 끄덕여졌다.

유년에서 소년기의 우리 집은 그 건물이 코앞에 있어 말을 배우기 시작하며 들었던 이름이니, 내게 '시공관'은 시市에서 지은 공관이라는 개념은커녕 기러기나 까치 같은 이름씨로만 여겨졌을 뿐이었다.

진주성 복원 공사의 마무리 단계로 헐려질 때의 이름인 '제일극장'이란 명패를 달기 이전의 이름이던 시공관은 진주성 입구에 버티고 선 진주 최대의 공연장이었다. 극장 옆으로 열두엇이 나란히 걸어도 됨직한 계단을 밟아 오르면 성 안으로 이르게 되어 있었다. 그 시절 신식의 청춘들이 그 계단 아래 참에 서서 은근한 눈으로 서로를 들여다보며 가위바위보로 이기는 이가 한 칸씩 올라가는데 그 사이가 벌어져 아래위로 저만치 멀어진 남녀가 벌이는 수작을 고상하게 여긴 우리 꼬맹이들도 일없이 계단을 오르락거리며 그 짓을 따라 하곤 하였다.

극장에선 연신 미국 유행가가 흘러나오고 있었다. 우리는 남인수나 고복수, 이난영을 학습하기도 전에 폴 앵카, 닐 세다카, 패티 페이지를 익혔고 "Diana!"나 "Oh! Carol" 또는 "You mean everything to me"를 흥얼거렸다.

하긴 공원 마당을 가로질러 오르는 돌 축대 위에는 일본 국왕에게 참배하던 신사 터가 부서진 채로 있었고, 계단 아래 길가에는 일제 때(1926년) 진주에 있던 도청을 부산으로 이전한 데 대한 항의로 관자놀이에 총을 쏴서 자살한 왜인石井高曉을 기리는 비석 자리가 반석만은 아직도 굳건히 있었을 때이니, 미군정이 가져온 양풍洋風은 이제 막 시작이었을 뿐이었다. 그렇거나 말거나 극장 건너 풀빵 가게 옆에서 땅콩이나 낱담배를 파는 좌판가를 기웃거리던 꼬맹이들은 낮 영화가 마치기 직전에 미리 열어놓은 문을 향해 달려들어가 라스트 신을 꿀같이 음미하고 빗자루 들고 나선 껌 파는 형들의 종주먹을 받으며 쫓겨 나오곤 했었다.

진주의 인구가 12만 명에서 18만 명쯤으로 될 때까지 시내엔 극장이 네 개 있었다. 기록이 변변찮은 풍토이니 거기 언제부터 극장이 있었는지 알 순 없지만, 1923년에 진주에서 있었던 백정들의 인권운동 결사체인 '형평사'의 창립이 '진주좌'에서 있었다 하니 이 지역 극장의 효시는 '진주극장'이 아닌가 한다. 신축하여 얼마 전까지 이삼층에 극장 간판이 달려 있던 대안동의 바로 그 자리다. 주로 방화 개봉작을 상영하는 성인 전용이어서 〈성웅 이순신〉이나 〈빨간 마후라〉 같은 계몽 영화를 단체 관람할 때 외에는 가볼 일이 없던 곳이었다.

72년 대선에서 박정희와 맞붙은 젊은 김대중이 진주극장에서 선거 유세를 하는데 "전라도서 하동을 거쳐 진주로 왔는디 먼지를 월매나 마셨는지 참말로 고통시러웠십니다. 여러분 이 사람이 대통령이 되면 하동꺼정 포장을 하여 전라도를 팡팡 다니도록 하것십니다" 하던 기억이 날 뿐 지금껏 나에겐 낯설다.

중앙 네거리 경남은행 뒤편에 있던 국보극장은 불에 탄 이후 그 흔적이 없어진 곳이지만 그 매표구며 쇠 난간과 듬성한 계단의 모습이 내 머릿속 한 켠에 남아 있고, 딱딱한 나무의자의 촉감이 아직도 엉덩이에 전해져 오는 듯하다.

마치 새끼를 꼬는 듯한 걸음걸이로 도끼 든 험상궂은 인디언 명색을 폼 나게 쏴 죽이는 존 웨인을 정의의 수호자라 생각하던 의심 없는 숭미崇美의 시절이었다. 서울서 출발하여 곳곳의 극장을 거쳐 천릿길을 내려오느라 몸살이 나 툭하면 끊어지는 '테이푸'를 이어가며 픳득거리는 세로줄의 자막을 우리는 군말 없이 읽었다. 검은 휘장을 제치고 극장 문을 나서면 열려진 동공으로 쏟아지는 햇살에 아득해지는 현기증을 느끼며 비틀거리는 걸음으로 계단을 내려오다 극장 옆으로 늘어선 장의사의 목관들과 붉고 퍼런 종이꽃들에 소름이 돋아 몸을 떨곤 했었다.

그 시절, 극장의 표를 받는 사람을 '기도木戸'라는 일본어로 불렀다. 홍성유가 한국일보에 연재했던 〈소설 김두한〉을 시작으로 영화나 연속극으로 만들어져 안방의 주빈으로 떠오른 이른바 〈야인시대〉에 그들의 주요 무대가 '우미관'이란 극장이듯이, 이렇다 할 놀이판이나 비빌 언덕이 없던 소읍의 깍정이 소악패들이 어슬렁거리기엔 극장 앞이 제격인 시절이었다. 이들을 어르고 달래며 제압하기 위한 방편으로 극장 문을 지키는 기도는 보통 '어깨'들이 맡았다.

'용사 회관'은 육이오 이후 전상자들을 위한 국가적 배려로 지어진 것이 아닌가 한다. 지금의 진주성 북문인 공북문 동쪽에 있던 중앙극장의 전신이다. 이 극장의 기도는 주로 상이군인들이 맡았다. 방화를 재상영 했던 이 극장은 어느 날 '중앙극장'으로 이름이 바뀌었다. 규모도 작았지만 시설도 그중 떨어져 '2본 동시 상영' 등으로 명맥을 이어오다 진주성 주변 환경 정화 사업에 그 운명을 졸하였다. 하지만 극장 건너 모퉁이에 있었던 점방의 풀빵 맛은 정말 기막힌 것이었다.

나라의 거의 모든 영역이 서울 중심인 이 나라에서 어느 것 하나 서울 편중이 아닌 것이 없었지만, 특히 지방에서의 공연 문화는 일제와 미군정, 전쟁을 거치면서 그 싹이 잘라져 동동구리무 장수에 동냥꾼들의 각설이 타령까지 넣는다 해도 '설'에서 대보름 사이에 꾸려져서 정월 한 달 동안 동네를 들썩거리게 하던 풍물패의 놀음 정도가 있었을 뿐이었다. 다만 음력 시월에 열리던 예술제 기간 중에 벌어지는 행사들이 볼거리로는 그중 대단한 것이었다. 요샛말로 역사 퍼포먼스라 할 수 있는 진주성 전투의 가장행렬이 열리는 예술제 첫날에는 농한기에 접어든 진양, 사천의 장삼이사가 중앙네거리 주변을 빽빽하게 메웠다.

배고픈 60년대를 거쳐 연예 산업이 꿈틀거리던 70년대에는 이런 '촌사람'들의 대중 문화에 대한 욕구를 채울 수 있는 것으로서 '쑈'가 대단한 인기가 있었다. 여기 사람들이 '말광대'라고 부르던 유랑극단이 없었던 바는 아니지만, 예술제 때에나 다리 밑의 천막을 걷고 지린내 나는 가마니에 앉아 볼 수 있을 따름이었지, 라디오에서 듣기만 하던 가수들의 노래를 번듯한 무대에 선 실물의 동작과 함께 시청하는 재미는 한결 상승된 고급의 것이었기 때문이었다.

'쑈'는 거의 제일극장에서 맡아 했는데 그야말로 문전성시였다. 역시 서울에서 쑈를 기획하여 공연하며 지방을 치고 내려오는데, 부산, 마산을 거쳐 진주까지는 흥행이 대박이었단다. 하지만 끄트머리인 삼천포에 가선 여지없이 무대 사고가 나거나 하여 죽을 쑨다는 거였다. "잘 나가다 삼천포로 빠진다"는 말이 지역에 대한 비하라 하여 얼마 전 삼천포 사람들이 농성까지 하였다 하는데, 그 무례하기 짝이 없는 비유의 유래에 관한 몇 가지 설 중 하나가 그 '단원'에 속했던 이가 주장했던 바, 쑈단에서 지른 안타까운 비명이었더란다.

코흘리개 시절 한 해에 한 번 크리스마스에나 사탕 배급을 받으러 가던 예배당이 헐려 극장이 된 것을 보며 아연해 했던 것을 시작으로, 좁은 계단을 올라 2층에 곁방살이로 꾸민 소극장들이 줄지어 생겼지만 그것들이 같잖게 여겨진 것은 그때의 그 극장들이 이 소읍에서 지녔던 문화적 함량과는 당최 비교할 수 없는 것이기 때문이리라.

명천유사

이문구 선생이 세상을 놓았다.

그의 죽음은, 지난해 아흔둘로 세상 버린 우리 큰고모님이나, 경식이 아재(그는 내가 코흘리개로 있을 때 이미 서른을 넘긴 나이로 중앙 로터리 기업은행 앞에서 구두를 닦던 이력으로 시작하여, 평생을 파란 이파리 그려진 새마을 모자를 머리에서 내리지 않고, '모지랭이'로 업신여김을 당하며 엊그제 일생을 마쳤다.)와 같이, 한 하늘을 이불 삼아 동시대를 부대끼고 설키고 하며 살아온 피붙이, 살붙이들이 하나둘 세상을 떠날 때 느끼던 회한이나 쓰라림과는 또 다른 것이었다.

사람 사는 곳 어디나 마찬가지겠지만 이 나라 글쟁이들은 해방을 전후하여 좌우로 나뉘어 싸우고 독재시대에는 참여다 순수다 하여 갈라져 거품을 물고 비난하고, 그것도 벼슬이라고 달팽이 뿔만도 못한 문단의 감투를 두고 아무개와 고만고만한 또 아무개 밑으로 줄을 서서 꼴같잖은 편싸움을 보여주곤 했었다.

하지만, 공교롭게도 새 대통령이 취임하는 날 세상을 등진 그를 두고 늘려진 매체의 그 어느 곳에서도 그를 욕하는 소릴 듣지 못했다. 지가 내팽개친 거금의 문학상 하날 냉큼 주웠다 하여 독한 말을 서슴지 않았던 이도 조사를 읽으며 눈물을 떨구었고, 눈부신 창작력으로 온갖 욕질을 천연덕스럽게 생산 보급하는 이 나라 여론 권력의 정상인 인터넷 게시판에서도 그에게 삿대질하지 않았다. 이미 망자가 되어버린 이에 대한 예우일까?

"역사와 대화하는 작가, 인간의 위엄에 어울리는 문학을 일구어낸 한국적 리얼리즘의 대가, 안티 히어로에 주목하는 사람 냄새 나는 글쟁이, 문단의 화합을 일구어낸 우리 시대의 촌장." — 나로선 모두 고개가 주억거려지는 찬사다. 하지만, 나는 그 무엇보다도 그가 내게 준 말맛을 잊을 수 없다.

극심한 중앙 집중의 기형적 현상은, 나라 땅을 오로지 서울과 시골로만 무식하게 양분하여, 지방이 가진 나름의 문화적 특성을 하급의 것으로 여기게 하여, 장구한 세월의 물굽이를 휘돌아 내려오며 둘러친 산과 들판 논배미 곳곳에서 은연중 반죽되어 얼크러설크러져 오던 풍성하고 생기 퍼덕이는 말맛마저 '표준말'이란 굳은 틀 속에 가두고 말았으니, 사투리는 우스꽝스럽고 촌스러운 것이란 수치심마저 불러일으킬 지경이 되고 말았다. 그러니 지방 말은 그 유통 구조적인 한계에 따라 자연스럽게 시르죽어서 종당에는 용도 폐기를 면치 못하였으며, 그로부터 호흡이 끊기고 박제화해 사전에 정리되고 나면 한갓 현장을 잃은 고어古語나 사어死語가 되고 말아, 모처럼 어디서 만나더라도 뜨악하고 서먹해지기 마련인 것이 이 나라 방언의 운명이었다.

하지만, 선생의 출현은 반도의 7할을 차지하고 있는 산 아래나 그 너머마다 말맛이 다르고 그 형용의 너비와 빛깔이 얼마나 감칠맛 나는지를 새삼 확인시켜준 팡파르였다. 그가 충청도 방언을 고스란히 살려내어 그 특유의 쫄깃하고 능청스럽게 직조된 문체로 〈관촌수필〉을 갈기듯 내려써 낸 70년대 후반의 후련하고 청량한 충격은 두고두고 가시지 않는다.

그즈음의 나는 근본도 없이 마구잡이로 읽은 책 몇 권을 밑천 삼아 때늦은 문청의 헛꿈을 꾸고 있었는데 선생의 글을 보곤 그만 맥이 탁 풀려 어쭙잖은 글쓰기를 포기하고 말았으니, 선생께서 천둥벌거숭이 같은 어중개비 하나를 손가락 하나 까딱 않고 되돌려 세우신 것이다.

흠모하던 선생을 실제로 상면하게 된 것은 1999년 10월이었다. 그해 개천예술제 백일장 심사를 맡아 신경림 선생과 두 분이 내려오신 것이다. 초청 단체 인사들의 말석에 끼어 함께 저녁을 먹었다. 두주불사라 소문이 자자하던 그의 술 실력을 보고자 은근히 기대했으나 웬걸, 맥주 몇 잔으로 저녁상을 물리는 품이 아마 그때부터 어디엔가 고장이 단단히 났던 모양이었던가.

이튿날, 천릿길 내려오신 그이를 그냥 보내 드리기엔 너무 아쉬워, 밥벌이를 빙자해 술만 퍼마시던 허울뿐인 내 사무실로 모셔 차 한 잔을 대접하며 몇 마디 말씀을 나누었다. 끝장이 보일까봐 야금야금 갉아먹듯 아껴 읽었던 〈유자소전〉을 꺼내 서명을 받았다. 내가 밭은기침까지 해대며 유자소전의 재미와 감동에 대해 늘어놓자 선생께서는 "그건 쉽게 썼는디…" 하며 빙그레 웃었다.

나는 선생의 손가락을 타고 나오는 생산물의 가장 알뜰한 수요자라
자처하는데, 1941년생으로 선생과 동갑내기요, 중학교 동창인 친구
유재필의 짧은 삶을 그린 유자소전을 그중 아낀다. 먼저 간 친구에
대한 끈끈한 애정이 듬뿍 묻어나는 이 단편은 한국사회의 비주류로
서 격동기를 몸으로 부딪치며 한마디 농담처럼 살다 간 한 '사나이'
의 매력적인 삶을 맛깔스럽게 엮었다. 아! 늘어진 만연체의 문장에
서 쉬 느껴지는 지루함은커녕 씹으면 씹을수록 녹작지근해지는 당
도 높은 말맛이나 능청스럽고 은근 짜한 해학에 배꼽을 잡고, 눙치
고 뒤집으며 옆구리를 찌르는 준엄한 한 수의 가르침이 있는 선생의
글을 이제 다시는 볼 수 없으니 이를 어쩔꼬. 오호통재라.

2부

ㅡ

인생역경대학

시민은 항상 헛된 꿈만 꾸는가

일요일 아침 KBS의 다큐멘터리 프로그램은 오스트리아의 작은 도시 '세인트 볼프강'을 소개한다. 살기 좋은 곳이 으레 그렇듯이 그곳 또한 강을 끼고 이루어진 아름다운 마을이다. 그들은 모차르트의 이름인 '볼프강'을 지명으로 쓰고 있음에 대단한 자부심이 있었다. 오늘의 이야긴즉슨 이 마을이 자랑하는 관악단의 활약상이다. 가근방에선 이미 호가 났고 한주에 두 번 있는 그들의 연주를 보기 위해 이웃 나라에서까지 관광을 온다는 것이다.

화젯거리는 그 단원의 구성에 있었다. 모두 그 도시의 주민이었는데 직업이 다양하다. 트럼펫은 신발가게 아저씨, 플루트는 미장원의 미용사 아가씨, 트롬본은 늙수그레한 대학생 등 수십 명 단원의 직업이 모두 제각각이다. 악단 지휘자는 듬성한 머리숱에 땅딸한 체구의 사람 좋아 보이는 중년 남자다. 이 사나이는 대장장이다.

리허설 때에는 진지하고 섬세하게 단원들을 조율하던 그이가 연습을 마치니 다시 일상으로 돌아간다. 풀무질에 담금질로 연장을 벼르는 솜씨가 지휘봉을 쥐던 부드러움과는 영판 다르다. 짬짬이 시청에 들러 관료들과 악단 운영과 방향에 관해 열띤 토론도 한다. 주어진 하루를 쪼개어 '해야 하는 일'(먹이를 구하는)과 '하고 싶은 일'을 착착 꾸려 나가는 그가 당당하고 대단해 보였다. 지역 주민의 일상 속에 자연스레 녹아 있고 우러나는 하모니를 머금은 '악단'. 그들의 고상한 '놀이'에 협조와 지원을 아끼지 않는 행정. 그래서 그 여유를 특화한 이국의 작은 마을을 보며 우리 고향 진주에서의 삶, 그리고 질에 관한 여러 생각을 했다.

지난 몇 개월 사이에 유명한 문화예술계 인사들이 진주를 다녀갔다. 여름에 신영복 선생이, 그리고 가을엔 강동석, 금난새 씨가 공연했다. 나들이 잘 하지 않는다는 신영복 선생이 초청에 흔쾌히 응해 주서 설레었다. 혹시 자리를 채우지 못하면 어쩌나 하는 모신 사람들의 입이 벌어지도록 좌석 또한 꽉 찼다. 겨울의 초입엔 '문화유산 답사기'로 한껏 시장가격이 치솟은 유홍준 교수가 다녀갔다. 모두 성황이었다. 관계자들과 함께 밥을 먹으며 유 교수는 "진주는 이상한 곳"이라 했다. 전국을 다니면서 강연을 해 보지만 진주만큼 사람이 많이 모이는 도시는 없다고 했다. 대전, 울산, 창원 등지에서는 도시 규모나 인구에 비해 턱도 없는 청중을 두고 김빠진 강연을 했단다. 그 이유가 무엇인 것 같으냐는 물음에 "면면히 이어져 내려온 전통의 힘이 아니겠냐"고 한다. 출간 예정인 다음 책에는 진주 이야기를 꼭 쓸 것이라 하고 갔다.

설사 그들의 찬사가 아닐지라도 뿌리박고 사는 우리의 자부심이야 차고 넘친다. 도심을 가로지르는 남강이 만드는 유연함과 그 역사에 얽힌 기억들. 삶의 번다함을 내려놓을 넉넉한 여유 공간인 진주성과 강 건너 마주 선 대밭의 정취. 이름도 멋들어진 뒤벼리·새벼리·너우니·나부리의 풍광. 하도 회자하여 이제 식상한 소리지만 저 임진란부터 형평운동 민란 등을 통해 증명된 순치되지 않는 성정과 예술적 기질. 서발만 떼면 닿는 지리산과 남해 바다.

하지만 그것들이 온존되어 이어져갈 수 있을까 하는 걱정이 되는 것이 지금의 심정이다. 시민의 소리와는 딴판인 관장과 관료의 아집과 교만에 슬슬 망가져 가는 진주를 보기 때문이다. 꽃 피고 분수 솟던 로터리 네 개는 모두 없어졌다. 차가 넘쳐 다리 하나 건너는 것이 걷느니만 못하게 된 것이 오래전 일이다. 10층 넘는 아파트가 예도 제도 가리지 않고 불쑥불쑥 솟아 있다. 게다가 재선된 민선시장이 시 청사를 짓는데 13층짜리에 600억 원의 돈이 든단다. 하도 억억대서 돈값이 우습게 되었다 해도 서민의 깜냥으론 상상 밖의 수치가 들먹여진다. 나라가 결딴날 지경에 처한 것이 작년의 일이니 진주 살림인들 별수 있겠나. 삼십만 남짓한 진주 시민의 가구당 빚이 139만 원이란다. 이건 웃어넘길 일이 아니지 않으냐. 시방 우리가 어찌 살고 있는데 이리도 무모한 계획을 한단 말인가.

복잡하게 도시공학을 들먹일 것도 없다. 비봉산에서 내려다보면 빤히 보이는 이치다. 도심은 이미 로터리 네 개를 중심으로 만들어진 방사형의 도로로 닦여졌다. 강변으로 자전거 전용 도로를 만들어 진양호에서 도동 큰들까지를 이으면 차 없이도 순환에 문제가 없다. 아파틀랑 병풍처럼 늘어선 산 밑으로 몰아 지어 도심의 스카이라인을 해치지 않는다. 상봉동 옛 교도소 터와 예전 금성학교는 눈 딱 감고 공원으로 만든다. 평거-내동이나 신안-망경동 간의 다리를 걸친다. 토박이 여럿이 맨땅바닥에 둘러앉아 꼬챙이 주워 얼기설기 '상식'

으로 그려도 이런 그림이 나온다.

시 청사의 건축이 코앞에 닿은 현안이니 이 나월의 심사를 말해본
다면 내 계획은 신축이 아니라 '이전'이다. 날이 갈수록 출산율이 떨
어져 아이들이 줄어드는 통에 시 외곽 곳곳에 폐교가 널브러져 있
다. 그걸 모두 인수하는 것이다. 담장가생이로 심어진 플라타너스와
철봉대를 그대로 두면 어떤가. 운동장은 죽죽 줄 그어 주차장으로
쓴다. 교실마다 제각기 환경미화를 뽐낸 사무실이 들어선다. 폐교끼
리 LAN으로 행정 연결을 하면 업무 호환에는 문제가 없을 것이다.
폐교마다 교장실을 시장 집무실로 만든다. 취락과 함께 숨쉬며 수십
년 동네의 중심이던 '학교'가 비어 퇴락하는 모습에 가슴 아파하는
변방 시민의 사랑방이 되는 것이다. 행정수요인 시민들이 관청과 멀
어 걱정된다면 버스 몇 대 사서 시 전역을 순회시켜 무료로 모시면
된다. 철 따라 꽃피는 산하를 즐기며 시청 가는 재미는 상상만으로
도 즐겁지 않은가. 우리 동네가 세인트 볼프강보다 뭐가 못하나.

1998/9

강준만 그리고 김어준

여태도 들어가기에 께름칙한 곳이 경찰서, 세무서, 검찰청이다. 종교적, 도덕적으로야 하자가 많은 사람이지만, 실정법상으로야 법을 어겼다거나 특별히 밑이 구린 데가 있는 것이 아님에도 공연히 그 앞을 지나기가 꺼려지고 버성기다. 억압의 세월을 견뎌온 서글픈 잔재일 것이다. 버티고 선 건축물 자체가 대민 봉사의 자세를 갖춘 부드러움과는 열 촌이 넘는 위압적 분위기이고 그 속에서 백성 대하는 관리들의 태도 또한 오십보백보다.

책대로 말하자면 공동체의 편익 복지 안전을 위해 만인으로부터 거둔 세금으로 고용한 일꾼이 공무원이다. 그러므로 공무를 담당했다 함은 그 구성원에 복무한다는 뜻이다. 그럼에도 상전을 초개같이 여기는 하극상이 당연한 듯이 벌어지는 것이 민원을 대하는 이 나라 관료의 태도다. 이 전도된 풍토를 바로잡기 위한 바뀐 새 정부의 각오는 각별해야 한다. 독립된 3부 권력이 서로 독단을 견제해야 함은 물론이다. 또한 그것들이 각기 몫을 제대로 하는지를 지켜보고 따져 묻는 '바른 언론'이 있어야 한다. 이 기본적 바탕이 제대로라야 비로소 개명한 나라로서의 꼴을 갖춰가는 것이 아니겠는가.

그동안의 우리 세상은 어땠는가. 모든 정보는 힘 있는 자들이 움켜쥐고 놓지 않았으니 세상 도는 꼴을 짐작할 수 있는 유일한 창은 이따금 새어나오는 '보도'를 통해서였다. 그들이 그럴라치면 "그렇구나" 하고 주억거리며 그게 모두인 줄로 알고 살아왔다. 이른바 "'유신'이라는 이념은 우리 민족의 주체성을 세우는 우리 식 민주주의를 이루어가는 이 시대의 대안이다"라고 나발 불 땐 그것만이 살길인 것으로 알았다. 어느 날 전라도 땅에서 "간첩의 사주를 받은 폭도들이 난동을 일으켜 무법천지가 되었다"라고 하면, "저런 쳐 죽일 놈들" 하고 분개했다. 텔레비전과 신문은 오직 참말만 하는 줄 알았던 것이다.

하지만 아무리 덮어 속이려 해도 시간은 진실을 밝혀주기 마련이니 그들이 우리에게 주던 정보의 허무맹랑함이 속속 드러났다. 이치를 따지자면 이제 그들이 진실을 오도한 죄를 자복하고 그동안 정치권력에 빌붙어 누린 갖은 달콤한 것들을 게워내야 당연하다. 하지만 웬걸, 이미 그들은 이제 아무도 쉬 건드릴 수 없는 막강 권력이 되어 있다. 모두를 향해 "털어 먼지 나지 않는 놈 있으면 나와라" 하고 부라리는 괴물이 된 것이다. 그 손에 걸리면 너나없이 만신창이가 되니 모두 카메라만 들이대면 그저 실실 웃으며 비굴한 자세가 되고 만다.

강준만! 어느 날 그가 나타났다. 〈성역과 금기에 도전한다〉는 출사표를 던지고 언론·정치·문화·경제 등 모든 분야의 잘난 이들이 끼치고 있는 사회적 해악에 대해 주저 없이 메스를 들이댄다. 그의 글은 '좋은 게 좋은 거'라며 지네들끼리 어르고 덮어주는 종래의 글쓰기와는 다르다. 컴퓨터 데이터베이스가 구축되지 않은 시절 그는 꾸준한 스크랩을 통해 집적된 실증적 '자료'를 근거로 시세에 영합하는 논리의 덜미를 잡는다. 말 바꾸기를 서슴지 않으며 곡학아세하는 사이비 지식인들의 간담을 서늘케 하는 것이다.

글쓰기의 원동력이 '분노'에서 시작되었다는 그는 "그 어떤 이유에서건 성역과 금기로 간주하거나 건드려도 직설을 피하고자 하는 것들에 대해 정면으로 비판하는 '악역'을 맡겠다"고 한다. 그는 막강 조선일보의 횡포에 펜 하나 달랑 곧추세우고 단기필마로 맞선 전사다.

김어준! 이만한 테러리스트가 있을까? 1998년 7월 4일 인터넷에 개설한 인터넷 신문 〈딴지일보〉는 1999년 4월 10일 현재 조회 수 740만에 이르는 이 시대 최고의 사이버 신문이다. 김어준은 사주·편집장·기자·그래픽 디자이너를 모두 겸하는 전천후 '선수'로서 신문의 발간사를 이렇게 쓴다. "본지는 한국농담을 능가하며 B급 오락영화 수준을 지향하는 초절정 하이코메디 씨니컬 패러디 황색 싸이비 싸이버 루머 저널이며, 인류의 원초적 본능인 먹고 싸는 문제에 대한 철학적 고찰과 우끼고 자빠진 각종 사회 비리에 처절한 똥침을 날리는 것을 임무로 삼는다."

식자들이 신줏단지처럼 받드는 문법이나 어법을 일같잖게 윗목에다 밀치곤 간 크게도 천하의 조선일보를 서슴없이 '좃선일보'라 칭하며 십자포화를 날린다. 아테네의 아크로폴리스에서 행해진 '직접민주주의'가 2500여 년만에 인터넷이란 미디어를 통해 이루어질 것이라며 미디어의 주체는 대중이 되어야 한다고 외친다.

권력과 자본으로부터 독립하지 못한 언론이 그들의 시녀나 마름으로 전락해 병들어 있을 때 세상을 바꾸고자 하는 열망이 모여 '국민주' 혹은 '시민주' 형태의 독립적 신문이 창간되었다. 그것은 이 나라 언론지형을 바꾸는 '사건'이었고 많은 긍정적 변화를 이끌어냈다. 이제 인터넷 시대를 맞아 또다시 매체환경의 획기적 변화가 오고 있음을 딴지일보를 통해서 본다. 기존의 통념을 날려버리는 새로운 강자가 오는 것이다. 그 변혁의 앞줄에 선 강준만/김어준. 그들의 당찬 결기와 기발한 재능에 박수를 보낸다.

1999/9

성산아트홀

아트홀 마당 한쪽에서 오뉴월 땡볕을 이기며 선홍빛 자태를 뽐내던 배롱나무도 꽃잎을 떨구고, 칭얼대는 아이들을 데리고 나무 밑을 점령하던 사람들도 모두 돌아갔다. 주변엔 구멍가게도 없는지라 쌀로 만든 과자 몇 봉과 아이스크림 통을 밑천으로 전을 벌인 아낙이 아직도 따가움이 덜 가신 초가을 햇살 아래서 졸고 있다.

저녁나절이 되면 곳곳의 벤치에 노을을 받고 앉아 있는 사람들의 모습이 아름답다. 연인의 무릎에 비스듬히 누워 예사로 볼을 비비는 젊은이들 모습도 이젠 익숙해져 예쁘고 건강해 보인다. 벤치에 기대 앉아 책을 읽고 있는 중년 남자의 진중한 옆모습은 매력적이다. 목련 아래의 잔디에 엎디어 편지를 쓰는 건 또 얼마나 멋진 풍경이냐. 가을엔 전시동과 공연동 사이 마당에다 예쁘고 빨간 우체통 하날 놓았으면 좋겠다. 인터넷 메일로 클릭만 하면 순식간에 날아가는 세상이 되었지만, 삐뚜름히 붙여진 우표에 낯익은 글씨를 받는 기쁨만 하랴.

무시로 드나드는 대학 선생이 있다. 이 양반 전공이 산업경제 쪽이라 학술 교류 명목의 나들이가 잦고 그쪽 관계자도 창원을 자주 오는 모양이다. 주로 미국과 유럽 쪽에서 오는 손님인데 대륙별 성향이 드러난단다. 미국인은 "넌 연봉이 얼마나 되느냐?" 혹은 "넌 무슨 차를 타고 다니느냐?" 하며 주로 관심사가 '돈'에 관계된 것이고, 유럽인의 경우는 "너희 동네에 오페라 공연장은 어디 있냐?", "박물관은?" 하고 물어 온단다. 전자의 경우야 어떻게 눙치건 대응이 쉬운데 진지하게 물어오는 후자의 경우엔 난감했단다. "성산아트홀 덕택에 이제 녀석들에게 꿀리지 않게 됐다"는 그의 미소엔 부자가 된듯한 여유가 보인다.

이 나라는 오로지 '서울'과 '지방'으로 나누어진 기형적 편중으로 거의 모든 것이 수도권에 몰려 있다. 문화 예술 쪽은 더욱 심해 공연이건 전시건 모두 서울서 다 해치우고 말았던 것이 여태까지 실정이다. 특히 이 지역엔 제대로 된 공연장, 전시관 하나가 없어 문화 불모지란 '욕'을 들었다. 그런 상황을 이기고 들어선 성산아트홀로 창원뿐 아니라 마산, 진해, 김해 등지의 허기진 문화 욕구를 채우게 되었으니 가근방 모두 기뻐할 경사다.

「오늘은 '이달의 가수'를 뽑는 날. 세탁소 김씨, 비디오방 박씨, 미장원 조양, 선반공 최씨가 가로수 길을 따라 이곳저곳에서 오고 있다. 지척인 도청에서 근무를 마친 도지사가 넥타이 느슨히 풀어 제치고 (캐나다 크라티엥 총리가 그랬듯이) 세 발짜리 스쿠터를 타고 달려온다. 길 하나를 사이에 둔 시청에서 시장이 느린 걸음으로 조각공원을 건너오고 풍채 좋은 아트홀 관장이 이들을 맞아 공연장으로 들어간다. 모두가 높낮이 없는 자리에 앉아 한바탕 노래자랑을 벌인다.

전시관에선 '우리 집 보물 전'이 열려 조상의 유품, 어려웠던 시절의 가계부, 묵은 사진첩의 잊지 못할 사진, 꼬마들의 그림 등이 전시되어 옆집 문화를 엿보려는 한가한 차림의 이웃들이 줄을 잇는다.」

이 낭만적 상상은 아트홀 마당을 오가며 골몰한 이 공간의 '사용계획서' 중 한 부분이다. 주제넘고 분수를 모르는 국외자의 망상이라 할지라도 공간을 향한 넘치는 애정이 낳은 산물이다. 이 공간을 진정으로 좋아하는 자로서 바라건대 나는 이곳이 시민 갑남을녀가 아무 거리낌없이 편안히 드나들며 누리는 진정한 사랑방이요 타작마당이 되어야 한다고 생각한다.

2000/9

난독증이 뭐예요?

"여러분이 잘 아는 미국의 영화배우 '톰 크루즈'도 대본을 읽을 수 없어 매니저가 대신 읽어줘야 하는 난독증을 앓고 있는 장애인이랍니다." 그러니 아이들이 되묻는다. "난독증이 뭐예요?" 교사의 설명이 이어진다. "난독증은 예를 들어 자음은 왼쪽 귀에서 울리고 모음은 오른쪽 귀에서 울리는 청각을 지닌 어린이가 '가'라는 글자를 읽었을 때 오른쪽 귀에서 울린 소리가 더욱 빠르게 언어 세포에 도착하여 그 어린이에게는 나중에 나온 모음이 먼저 나온 자음보다 먼저 감지될 수 있습니다. 결국 자기가 '가'라고 읽으려고 했던 글자가 자기에게는 '아그'로 들리면서 생기는 혼돈입니다." 지난해 11월 도동초등학교 6학년 수업 시간의 이야기다.

진주의 백정들이 고기 달던 저울을 치켜들고 "하늘 아래 모든 사람의 평등"을 외치며 저항의 바람을 전국으로 불러일으킨 것이 1923년의 형평운동이다. 그 엄혹한 시절에 '인권'을 부르짖은 백정과 그들의 손을 맞잡은 시민운동가들의 얼을 기억하고 되새기자는 모임이 형평운동 기념사업회. '형평'은 오늘날에도 여전히 차별받는 이들의 든든한 울이 되고 대변자의 역할을 맡고자 한다. 2003년 형평의 창구에 접수된 사연은 장애를 겪는 어린이의 초등학교 입학거부 사건이었다. 관계 학교에 접촉하여 입학거부 사유를 물으니 학교 내 장애 아동을 위한 편의시설이 되어있지 않다는 것이다. 형평은 곧바로 진주지역 초등학교 편의시설과 특수학급 운영 실태를 조사하였다. 입법하여 1998년 4월 제정 시행된 편의증진법 (장애인 노인 임산부 등의 편의증진에 관한 법률)과 1977년 제정되어 1994년 개정된 특수교육진흥법이 엄연히 있었지만, 학교 현장의 실태는 참으로 실망스러웠다. 물리적 교육환경의 문제는 재정과 물려있어 단기적으로는 해결할 수 없다 하더라도 장애에 대한 편견과 몰이해는 그 아이들을 끌어올려 함께 가기보다는 가려내는 데 맞춰져 있었다.

실태조사의 내용을 두고 진주시 교육청 관계자들과 토론회를 열어 재발 방지나 개선을 요구하고 장애 학생의 부모에게는 학교별 교육환경 실태와 시설현황에 대한 최소한의 정보를 제공하는 한편 강연회, 공연 등을 통하여 시민 일반에 장애 학생 교육환경에 대한 관심을 촉구하였다. 작지만 변화의 움직임이 곳곳에서 보였다.

하지만 그것들이 근본적 해결책일 수가 있겠는가. 사람의 저마다 다른 개인적 차이가 사회적 차별로 이어지는 가장 나쁜 모본이 우리 사회에 내재한 장애인 문제의 본질이라 해도 과언이 아닐 것이다. 이것은 고질화한 사회적 인식의 문제이며 아울러 장애나 장애인에 대한 바른 이해가 없이는 장애 문제와 관련한 어떤 좋은 제도도 관념의 변화를 끌어내기는 어려울 것이다. 형평이 어린이 문제에 주목하는 이유가 여기에 있다. 나와 다른 것에 대한 이질성을 수용하는 것이야말로 그 차이를 차별로 이어지지 않게 하는 요체라고 믿는 까닭이다. 그것은 아이 때부터 가르쳐야 하지 않겠는가?

전국에 약 4000개의 초등학교에 특수학급이 있다. (2002년 현재) 장애가 있는 아이들을 모두 특수학교에 몰아 교육하는 것이 분리를 더욱 심화시킬 수밖에 없다는 성찰의 결과로 일반 학교에 그 아이들을 입학시킨 것이다. 하지만 그 아이들은 학교 내에서의 또 다른 분리공간을 가졌다는 것 정도의 의미인 것이 통합의 현실이다. 또 다른 '섬'에 사는 아이들인 것이다. 이 섬에 다리를 놓아 장애 비장애 어린이가 섞여 친구가 되게 하는 것이 시민 사회가 맡아야 할 일이 아니겠는가.

형평은 비장애 어린이들의 장애에 대한 이해도를 높이는 일을 우선으로 해야 한다는 데 생각을 모으고 초등, 중등, 대학, 특수학교 교사를 주축으로 실질적 교육 프로그램을 만드는 작업에 들어가 1차로 지난 11월 도동초등학교에서 두 학급의 시범수업을 마쳤다. 4시간 수업으로 무슨 깊이 있는 학습이 이루어지겠는가만 아이들의 관심과 반응은 예상보다 높았다.

원고개를 치던 교육청도 많은 관심을 두고 시범학교를 지정해 지속적인 연구과제로 삼겠다고 약속했다. 형평은 이 프로그램을 더욱 알차게 보완하여 진주 전체 학교에서 운용함은 물론 이것이 좋은 사례가 되어 전국에서 이 교재를 사용할 수 있었으면 하는 것이 장기적 목표이고 소망이다. 그것이 어찌 형평만의 힘으로 가능한 것이겠는가. 응시하고 있는 선량한 시민 제위의 관심 어린 눈길이 요망된다.

2004/9

자위

천릿길 서울은 멀고 선 곳이니 대처 나들이로는 부산이 개중 만만했다. 남포동 어름에서 달뜬 도회의 냄새를 맡다가 돌아오는 버스가 개양 검문소를 지나 새벼리 비탈진 모랭이를 올라선다. 벼랑 아래 굽이져 '니은' 자로 흐르는 남강을 볼라치면 난데없이 코끝이 찡하고 뒷머리가 버섯이 일어나곤 했다.

불과 며칠간 떠나 있어도 고향이란 그런 것인가. 새벼리 내려서면 대동공업사가 있고 오랜 가로수였던 플라타너스 길을 따라 시내로 들어오는 다릿목엔 남강카바레가 있었다. 다리에 오르면 촉석루의암이 의연하고 오른편 뒤벼리 돌아 도동 가는 길에는 휘 늘어진 수양버들이 강바람에 산발한 머리를 흔들고 있었다.

도심이라야 기껏 다릿목에서 금성 로터리까지인 손바닥만 한 동네 복판에는 천신만고 끝에 성공한 재일교포 향우가 만들어준 분수대가 힘차게 물을 내뿜고 있었고 영도병원 언저리에 이 소도시 정인들의 사랑방 격인 반달다방, 청동다방, 로반다방이 있었다. 좀 보태서 말해 뒷짐 지고 분수대 근처를 두어 바퀴 돌면 진주사람 반은 만날 수 있었던 것이 30년 전의 진주였다.

통계연보를 보니 그때 인구가 27만여 명이고 지금이 34만 남짓하다고 되어 있다. 흐른 세월에 비해 늘어난 사람이 몇 안 되는데 왜 이리 복잡한가 싶어도 들여다보면 그렇지만은 않다. 그때는 진주를 껴안듯 둘러싸고 있던 진양군과는 따로 셈을 하였으니 그 이들을 빼면 15만~16만 명 정도였으리라. 진주도 참 많이 변했다. 눈을 감아도 골목길까지 손바닥 들여다보듯 그릴 수 있었던 것은 이제 옛말이고 어제 없던 길이 코앞에 불쑥 나서는 듯하고 건물의 모양들이 한 치 여유 없는 못난 도시형이 된 지도 이미 오래다.

삼십 년 세월에 변한 것이 어디 진주뿐이랴. 여태껏 세상을 이끌던 힘의 변화 또한 확연하다. 전제군주를 방불케 하던 '윗물'이 헐크처럼 부풀어 오른 힘살을 줄이는 '절제'를 선언한 지 두 해가 지났다. 탈권위를 선언한 초유의 대통령을 바라보는 두 개의 시각이 부딪치면서 꽤나 시끌벅적했다. 제복과 완장 앞에 조아리고 엎드려 오금을 펴지 못한 채 길들여진 피학의 증후일까?

가볍다, 경망스럽다로부터 시작된 투정은 급기야 대통령을 두고 이 놈 저 놈을 넘어 육두문자를 서슴지 않는 세상이 되었다. 소주 몇 잔에 늘어난 배포로 어설피 나라님을 입에 올렸다가 색안경 낀 이들에게 끌려가 치도곤을 당하고도 입 한번 뻥긋 못하던 시대가 엊그제였음을 상기하면 세상 엄청 변했다.

4대 법안의 줄다리기 와중에 호주제 폐지 법안도 여야 합의가 다 된 듯하다가 기어이 해를 넘기고 말았다. 언감생심 뉘에게 뭘 물어본다는 건 도대체 꿈에라도 상상치 못할 권위의 최고봉으로 똘똘 뭉친

이 나라 헌법재판소가 호주제 존폐를 둘러싼 헌법소원이 골치깨나 아팠던지 시퍼렇게 살아 퍼덕이고 있는 '관습법'도 밀쳐둔 채 일개(?) 교수에게 이 문제에 대한 의견을 물었다. 뜬금없지만 "순수 과학자의 입장에서 니 생각은 어떠하냐"는 것이다.

최재천 교수 답변이 걸작이다. "정자가 수컷의 유전물질을 난자에 전달하는 것으로 소임을 다하는 데 반해 난자는 암컷의 유전물질은 물론 생명체의 초기 발생에 필요한 온갖 영양분을 다 갖추고 있다는 점에서도 인류 진화에 암컷의 기여도가 훨씬 높다." 그리고 한국의 40~50대 남성 사망률이 다른 나라에 비해 월등히 높다는 통계를 들이대며 은근히 눙치길 "자연계의 어떤 생물도 어떤 나라에서도 채택하지 않는 비합리적인 제도를 전통이라는 명분으로 왜 억지로 유지하려 하는지 이해할 수 없다"라 했단다. 이 나라 수컷들이 한 가정의 운명을 홀로 짊어져야 하는 부담감 땜에 술을 마구 퍼마시다 일찍 죽는 게 아니냔 거다.

호주제를 존속시키기 위해 씨족총연합회라는 단체가 만들어지고 탕건 쓴 어르신들이 "호주제 폐지는 짐승 세계나 원시사회로 가자는 것"이라고 고래고래 소리를 질러도 대세는 이미 기울어졌다. 국가보안법이니 사학법이니 신문법이니 하는 법들의 개폐가 미치는 사회적 파장도 크겠지만, 호주제가 폐지된다면 그야말로 세태의 변화를 더욱 극명하게 느낄 수 있을 것이다.

국론이 분열된다는 논리로 오히려 조장의 냄새를 풍기는 종이 신문들도 이젠 좋은 시절 다 갔다. 갖은 구린 짓으로 세상을 쥐락펴락하

며 백성들을 우롱했지만, 인터넷이라는 새로운 강자의 출현으로 그
들도 이제 변화하지 않으면 도태될 수밖에 없는 갈림길에 서 있다.

하지만 그딴 것들이 밥하고 무슨 상관이랴. 곳간 그득한 이는 갈수
록 넘쳐 입이 귀에 걸린다지만 없는 이는 세끼 밥 먹고 살기 힘든 현
실이다. 먹이의 편중이 지나친 세상이다. 그나마 위안이라면 초개같
이 함부로 취급당하던 백성의 '사람값'은 좀 올려 매겨진 것일 것이
다. 더디긴 해도 세상은 변한다. 비록 로또까진 아닐지라도 올해는
'쌀' 구하기가 좀은 나아지지 않을까.

2005/1

배건네

위대한 인생을 산 사람들의 이야기를 보고 듣는 것은 되도록 피해 가며 살자는 것이 주의주장이 된 것은 낮살깨나 들어서 생긴 나름의 양생법이다. 극명하게 대비되는 삶의 품질을 가진 자로서 자괴감에 빠지지 않으려는, 생존을 위한 처방인 것이다. 하지만 말로만 듣던 '체'형의 남미순례기가 영화로 만들어졌다는데 그조차 외면키는 차마 어려운 일이라.

중산층 가정에서 무난하게 자라 의과대학 졸업을 한 학기 남긴 스물 셋 먹은 젊은이가 친구 하나와 낡은 오토바이 '포데로사'에 올라 남미 일주 여행을 떠나는 걸로 시작되는 것이 영화 〈모터싸이클 다이어리〉다.

평범한 두 젊은이의 이 무전여행은 한 인간의 인생을 완전히 바꾸어 놓았음은 물론이고 세계사의 흐름을 바꾼 사건이 된다. 1만2425km의 그 여정은 푸세(럭비선수 시절 친구들이 붙여준 별명)가 '체'로 변모해가는 과정이요 사르트르의 표현처럼 "20세기의 가장 완전한 인간"인 '체'가 태어나는 도정이기도 하다. (Che는 스페인어로 '어이 친구' 정도의 뜻이며 혁명 운동 중 게바라 자신이 지은 호란다)

아르헨티나의 부에노스아이레스에서 국경을 넘어 칠레에 이르면서부터 이 청년에게 부딪친 '타인들의 삶'은 세상을 보는 새로운 각성의 계기가 된다. 추키카마타 구리광산에서 미국인 광산소장이 하루에 수백만 달러를 거두어 가는 반면에 광산노동자들은 질병과 굶주림에 시달리다 참혹하게 죽어가는 실정을 목도한다. 이 젊은 예비 의사는 '인간의 질병을 치료하는 것보다 본질적으로 이 세계의 모순을 먼저 치료하지 않으면 안 된다'는 자각이 싹트는 것이다.

페루 산파블로 나환자촌에서 일어난 일은 '체'의 변모 과정을 상징하는 사건이다. 가톨릭 수녀들이 운영하는 이 환자촌은 의료진과 환자들의 거주지역이 아마존 하류의 강을 경계로 분리되어 있다. 헌신과 봉사가 있지만, 교만과 독단의 벽도 높다. 이를테면 의사가 환자를 대할 때는 반드시 장갑을 끼게 하고, 예배에 참석하지 않는 환자는 밥을 주지 않는다.

'체'는 장갑을 벗어 던진다. 그리고 한밤중 인간과 비인간의 분리 경계인 깊고 넓은 아마존의 강을 홀로 헤엄쳐 건너간다. '장갑과 강'이 지닌 '차단의 벽'이야말로 사람끼리 서로 다름을 차별하고 격리하는 표상이다. '체'는 이를 깨뜨리고자 한 것이다. 천식으로 끊어질 듯 가쁜 숨을 몰아쉬며 행한 목숨 건 도강은 '경계'를 허물어뜨리는 의식과도 같았다. '체'는 사람들 속으로 깊이 들어간 것이다.

남강을 사이에 두고 진주성과 마주 보는 강 건너 '섭천'에도 '백정 촌'이 있었다. 성안 사람들은 말했다. "너희는 그 마을을 벗어나서도 안 되며 강을 건너서는 더더욱 안 되며 다만 소를 잡아 그 고기만

우리에게 줄 것이며 교육을 받을 수도 없으며 마소처럼 살다가 거기
서 죽어야 하며 죽더라도 관을 쓰지는 못하니라."

그들은 도살한 고기를 계량하는 저울을 치켜들고 거리로 나선다.
"우리도 저울처럼※ 고른平 대접을 받고 사람답게 살고 싶다"고 외친
다. 1923년 일어난 진주의 형평운동이다. 그 후 80년이 지났지만 아
직도 강 건너에는 사람들이 살고 있다. 학벌, 지역, 지갑의 두께 등
으로 등급이 매겨지는가 하면 이주노동자, 성적소수자, 장애인이라
는 이름으로 불리기도 한다.

형평운동 기념사업회는 그동안의 활동을 통해 학교 내에서조차 분
리된 특수학급이라는 섬에 살면서 섞이지 못하는 아이들과 부모들
이 겪는 고초를 지켜보았다. 그 실마리를 풀어나갈 해법으로 장애에
대한 '비장애 어린이들의 올바른 이해'를 돕는 프로그램을 개발했다.
저마다 다른 개인적 역량 차이가 차별로 이어지는 현실을 바꾸어보
자는 것이다. 그래서 섞어 함께 가자는 것이다. 모두 시간을 쪼개어
많은 공을 들였다. 11월 3주간 8시간 도동초등학교에서 1차 수업을
마쳤다. 교육 당국에서도 상당한 관심을 보여 확대 시행의 길이 열
릴 듯하다.

서른아홉에 죽은 '체'는 지금도 구레나룻에 씨가를 문 베레모 차림
으로 세상을 주유한다. 그 시절 그가 이곳에 왔다면 남강을 헤엄쳐
건너 '배건네' 섭천의 그들 속으로 깊이 들어가려 하지 않았을까.

2005/2

전향 사유

대변인 재임 기간에 '독설'의 진수를 보여주던 전여옥이 대구 어느 교회에서 열린 시국 강연회에서 "노무현 정권은 〈두사부일체〉, 〈공공의 적〉 등 문화를 이용해 사학법 개정에 성공했다. 개정 사학법은 우리 아이들을 친북 좌파로 키우고, 그들이 원하는 세상을 만드는데 홍위병으로 만들겠다는 것이다"라고 했단다.

문화가 정치에 끼치는 영향에 대한 나름의 분석이겠지만 과녁이 빗나가도 한참 빗나갔다. 회기 중인 국회도 내던지고 엄동설한에 언땅을 누비며 사학법 투쟁을 하고 있음에도 찬성하는 국민이 불과 8%밖에 되지 않는다는 것은, 이 정부가 기획하고 제작한 두 편의 영화에 세뇌된 우민들 때문이라는 투정이다. 여태 그가 보여준 행태에 딱 어울리는 해석이다. 하지만 눈코 뜰 새 없이 바쁘다는 의원 신분으로 화제작이랄 것도 없는 두 편의 방화를 보셨다니 과연 국산 영화의 저변이 넓긴 한가 보다.

지난해에 한국 영화의 입장객 수가 8000만 명이나 된다고 한다. 1999년까지만 해도 국산 영화의 점유율이 25%에 불과했는데 작년한 해 극장에 걸린 영화 열 편 중 일곱 편을 방화를 선택할 정도로 우리 영화에 대한 관객 선호도가 높아진 것이다.

정부가 국산품 장려 시책으로 게거품을 물며 벌인 가열찬 홍보 전략이 먹힌 걸까? 천만의 말씀이다. '아재비 떡도 싸야 먹는다'라는 말은 품질이 균일하다는 것을 전제로 한 것이듯이 '재미'라는 고유의 질이 떨어지면 내일이라도 당장 지지를 철회하는 것이 요즘 사람들의 냉정한 소비 성향 아니던가.

한국 영화가 괄목할 만한 내적 발전을 이루고 유명짜한 국제 영화제에서 두각을 나타내자 세계가 한국을 주목한단다. 막대한 자본으로 세계를 휩쓰는 미국 영화에 서방의 영화 산업이 속절없이 무너지는데 유독 한국이라는 나라가 어떻게 2:8에서 3:7의 시장 비율을 불과 6~7년 만에 뒤집었을까 하는 의문이다.

그 까닭이사 그 분야에서 '밥'을 먹는 사람들이 보다 합리적 근거를 바탕으로 분석할 일이지만, 10년 전만 해도 국산 영화라면 두드러기가 난다고 왼고개를 치며 외면했던 내가 방화 애호가로 전향한 이유는 '말' 때문이다. 70~80년대까지 우리 영화의 대사는 마치 교과서를 그대로 옮겨놓은 듯한 고상한 문어체였다. 어찌나 반듯한 말들만 하는지, 세상을 산다는 것이 '책'대로는 어림없다는 이치를 깨닫고 바닥을 구르며 갖은 잡설을 듣고 살아온 내 귀로는 도무지 현실감이 없고 무미건조한 신파로 비쳤다. 이른바 '리얼리티'의 문제였다. '욕'의 문제만 해도 그렇다. 욕이란 것이 비록 응달의 산물이긴 해도 힘없고 억눌린 백성들에겐 배설의 욕구를 충족시키는 수단으로 쓰였기에 오랫동안 일상 언어의 한 축으로 엄연히 존재해 왔다. 그 태생적 불온함에도 용처만 제대로 고르면 그것이 빚는 언어효과가 시적인 경지에 이름으로써 존재 가치를 능히 증명한 기표다.

하지만 지극히 사실적인 이 언어도 검열의 가위질을 피할 수 없었다. 금기의 영역이 터무니없이 많았던 것이 지난날 한국 영화였다. 이제, 우리 영화는 이 땅에서 벌어지는 갖가지 다양한 삶의 방식을 현란하게 변주된 형태로 보여준다. 한국 영화가 현상을 외면하지 않음으로써 대중과의 간격을 좁혔음을 다행으로 여긴다.

천정배 장관이 X도 모르는 XX들이 운운하며 대통령을 역성들다가 곤욕을 치르고 있다. 하지만 서울법대 출신의 현직 법무장관도 한잔 걸치면 서슴없이 서민의 언어를 내지른다는 것에 동류의 감정을 느껴 나는 돌아서서 히죽이 웃었다.

2006/1

할매 열전

껑충한 키에 헐렁한 개량한복을 널듯이 걸친 송상욱 선생은 마치 등짐처럼 기타를 둘러매고 들어섰다. 몇 순배 술이 돌자 노래를 시작한다.

아~아 진주 남강/푸른 물에 우는 새야/촉석루의 달빛 아래/청춘을 노래하는….

유난히 긴 손가락으로 쇠줄을 비틀 듯 내리훑으며 구성지게 부르는 칠순 노인의 노랫가락은 가히 일품이다. "난 악보도 몰르고 주법도 몰러. 걍 치는기여. 본디 노래란 것이 악보란 게 있었던 거시 아니잖여."

랩이니 록이니 하는 양풍의 소리에 귀를 내맡기고 살던 터에 오랜만에 만난 제대로 된 뽕짝이다. 턱을 괴고 노 시인의 노래에 빠진다. 저음의 성대에 꺾고 휘는 음률도 그렇거니와 시절가조라 일컬음 직한 노랫말이 곡조에 녹으니 묘한 맛이 난다.

빨치산 노래라는 '부용산'에 이어 부른 노래가 '세세 연년'이다.

산홍아 너만 가고/나만 홀로 버리기냐/너 없는 내 가슴은/눈 오는 벌판이다/달 없는 사막이다/불 꺼진 항구다….

진주 기생 산홍을 기리는 노래다. 노 시인의 목소리에 감개가 서렸다. "이지용이가 누구여, 고종의 조카른서 이완용이랑 이 나라를 통째로 팔아먹은 을사오적 중으 하나잔여. 당시에는 나는 새도 떨어뜨릴 권력자인디 그자가 천금을 가져와 첩이 되어달라고 간청을 함에도 역적으 첩이 될 수 없다며 뿌리친다는 것이 보통 일이여?"

기생 '산홍'이 이지용을 물 먹인 야사에 이어 또 다른 이름 모를 '진주 여자'로 이야기가 흐르며 자리는 무르익는다.

리영희 선생은 자서전적 대담집 「대화」에서 자신의 인생에 크게 영향을 끼친 개인적 체험이라며 '진주 기생' 이야기를 한다. 지리산의 '공비 토벌'을 위한 위수사령부가 진주 농림학교지금의 경남과학기술대학교에 진을 쳤는데 당시 선생은 통역장교였다. 작전지휘를 위한 미군 고문관과의 통역을 위해 배치된 것이다. 어느 날 술자리에 동석한 진주 기생에 혹하여 자리가 파하면 동침할 것을 은근히 기대했다. 그런데 취한 사이 기생이 가버리고 없자 크게 노하여 그 여자의 집을 물어 지프를 몰고 찾아갔다. 촉석루 지나 절벽 가까이(지금은 집터가 없어지고 박물관 앞마당이 된 진주성 안의 동네 '안산'을 말한다)에 웅크린 보잘것없는 초가집이었다.

선생의 표현을 옮겨본다. "서너 자 높이 돌 축대 위 툇마루에 나와 선 여자는, 아무 말도 하지 않고 나를 내려다보며 미동도 않고 있더라고. 마침 그때가 보름날이라서 중천에 뜬 달이 교교한 월색을 여자의 정면으로 내리비추고 있었어. 아무 말도 안 하면서 달빛을 정면으로 받고 서 있는 그 여인은 형용할 수 없이 고고한 모습이었지."

동네 하낱 구덩이에다 몰아넣고 몰살시켜도 뉘 하나 나서 대들 엄두도 낼 수 없는 살벌한 난리 통이다. 옆구리에 총을 찬 위수사령부 장교의 호통을 말없이 내려다보는 초연한 여인에게 기가 질린 청년 리영희가, 불쑥 권총을 뽑아 고적한 밤하늘에다 방사하며 위협했다. 하지만 웬걸 여자는 움쩍도 하지 않고 되려 나직한 목소리로 준엄하게 훈계를 하는지라, 여기에 압도당한 그가 여인을 향해 넙죽 큰절을 하고 그만 줄행랑을 쳤더란다. 인간의 도덕적인 크기를 깨닫게 해준 깨달음의 기회였다는 선생의 고백이다.

전라도 장흥에서 태어나 부산에서 살다가 상혼이 시혼을 갉아먹어 피폐해진 서울의 인사동에서 지킴이로 살며 잊혀져가는 것들을 노래하는 노 시인과의 만남을 통해 내 고향 진주와 진주 사람을 다시 생각한다. 사람의 값을 직업이나 신분 또는 재산이나 학벌이 아닌 존재 그 자체의 본질로 놓고 생각하게 하는 동향의 선배 '할매'들이 보여준 행적이 뿌듯하다.

진주신문이 3일로 창간 16주년을 맞았다. 지금 겪고 있는 어려움이 비록 크지만 이렇듯 바닥에 깔린 도저한 정신의 힘이 있으니 끈질기고 당차게 잘 이겨낼 것으로 믿는다.

2006/3

택배 이야기

톰 행크스가 주연한 〈캐스트 어웨이 Cast away〉 이야기다. 약속한 시각을 철저히 지키는 글로벌 택배 회사의 전도유망한 사원인 주인공이 비행기 사고로 바다에 떨어져 무인도에서 4년을 홀로 지내다 극적으로 구조되는 과정을 그린 영화다.

이 영화는 항공기 670대, 운송차량 4만 대, 종업원 14만 명을 거느린 세계적 택배 회사인 '페덱스'가 자회사를 광고하기 위한 목적으로 엄청난 제작비를 투자했다는 뒷말이 있다. '택배'라는 신종사업에 대해 무지했던 나는 영화 내용보단 보잉 항공기만 260대나 지녔다는 이 배달회사의 규모에 입이 다물어지지 않았다.

이제 이 나라도 도서 벽지를 제외하고는 모든 물품을 하루 만에 받아볼 수 있다는 구호를 내걸고 나선 '택배'가 뿌리를 내린 듯하다. 한다 하는 대기업들이 이 시장에 뛰어들어 이제 내 집 현관에서 물품을 보내고 받는 것이 예사롭게 된 것이다.

나 또한 전화 한 통이면 득달같이 달려온 제복의 기사에게 턱짓으로 천 리 멀리까지 박스 하날 보내고, 당도키로 예정된 물품이 늦기라도 할라치면 이리저리 전화 돌려 자못 거세게 호통치기를 주저하지 않았다. 그런데, "어젯밤 꿈에도 짐 하나가 남아 있었다"는 지인의 꿈 이야기를 듣곤 내가 이 편리해진 세상을 얼마나 무심하고 기계적으로 받아들였는지를 깨달았다. 그는 2개월간 택배 회사의 배달기사로 일하며 겪은 일을 털어놨다.

배달원이 받는 수당은 물건 하나당 대개 400원이고 쌀가마니 같은 무거운 것은 1400원까지 받는단다. 한 구역에서 배달되는 물품의 하루 수량은 100~150개. 배당된 지역에서 물품 1개 배달에 걸리는 시간은 3~5분. 그러면 내 어름한 계산으로는 120개에 4분으로 삼으면 8시간 작업에 월 150만 원 정도의 수입이 된다. 하지만 그 알량한 숫자 너머에 그들의 애 터지는 애환이 있었다.

3~5분의 배달 소요시간은 이어진 상가의 상점들에나 적용될 뿐, 아파트촌의 경우는 다르다. 주차하고 15층 정도에 올라가 초인종을 누르면 사람이 없다. 전화하면 관리실에 맡기라 한다. 다시 내려와 관리실에 가면 문이 잠겨 있다. 10분은 걸린다. 마실 나간 경비원을 마냥 기다릴 순 없다. 쌀가마니를 지고 엘리베이터도 없는 아파트 5층을 오른다. 사람이 없다. 기다리라고 했지 않느냐고 볼멘소리로 전화하면 "배달원이 왜 그리 불친절하냐"며 타박한다.

아침 7시 출근하여 물건 분류해서 10시부터 방울소리 나도록 달려도 늦도록 짐이 남아 있더라는 것이다. 연료비, 전화요금은 본인 부담이다. 대한민국 택배는 접수 후 24시간 이내에 배달해야 한다. 바쁜 김에 시동을 켠 채로 갓길에 차를 세웠다간 예외 없이 딱지가 끊긴다. 왜 빨리 갖다 주지 않느냐고 바리바리 전화하고 왜 거둬가지 않느냐고 악을 쓴다. 요즘 사람들 인터넷 좋아해서 손가락 몇 번 토닥거려 '고객의 소리' 란을 메운다. "니네 직원은 왜 그리 불친절하냐?" 시달리다 두 달 만에 손을 든 이 양반 아직도 '짐'이 남아있는 꿈을 꾼다는 것이다.

페덱스가 미국의 경제지 〈포춘〉이 선정한 '가장 일하기 좋은 기업' 10위 안에 뽑혔는데 본받아 니들도 수당 올려주라고, 배달량 줄여주라고 종주먹 내질러도 움쩍 않을 건 분명하다. 적잖은 실업자를 보유한 나라에서 그만한 대우도 황감타는 주장일 것이다. 그렇다면 이제 우리 일상에 깊숙이 스며든 이 고마운 전달자에 대한 생각을 바로잡아볼 때가 된 것이 아닌가. 그 옛날 지순한 직업인이던 우체부 정도의 위상을 부여하는 것이 무리라면 따뜻한 말 한마디와 냉수 한잔의 대접은 어떤가?

2006/5

홍세화

그는 올해 환갑의 나이임에도 수줍음을 어쩔 줄 몰라 하는 소년의 모습을 지니고 있었다. 서울발 고속버스의 도착 예정 시간에 빠듯이 맞춰 터미널에 닿으니 막 버스에서 내린 그이가 담배 한 대를 입에 물다가 황급히 되넣고 차에 올랐다.

예술회관 앞 둔치에서 선학산을 마주보는 선생께 양해의 말씀이랍시고 주절주절 읊었다. 흔쾌히 초청에 응해주신 것은 감사하오나, 교직원 직무연수에 참여할 신청자가 적어 강의실이 좀 휑뎅그렁할 것이며, 요즘 젊은이들 박종철이 누구인지도 모르니 '홍세화'는 더더구나 모를 수 있음을 양해하시고 저녁에 있을 진주신문 주최의 시민 대상 강연회 또한 청중이 적더라도 실망치 마시라는 요지의 말씀이었다. 그날은 마침 박종철의 20주기가 되는 날이기도 했다.

스스로 선택할 수 없는 태생적 한계를 지닌 여자/남자 그리고, 출신지의 문제가 우등한 것과 열등한 것으로 나누어지고, 동성애자나 장애인의 문제가 정상과 비정상의 잣대로 가늠되고, 종교/사상이 서로 다른 것이 선과 악이라는 적대적 대칭 관계로 극단적 구분을 마다 않는 우리 사회에, '똘레랑스'라는 불란서 말을 구호로 삼은 선생의 주장이 파문을 일으킨 후 10여 년의 세월이 흘렀다. 1979년 유신 시기 최대 규모의 공안사건인 남민전 사건에 연루되자 무역회사 유럽지사에 근무하던 그는 졸지에 망명자가 되어 불란서 땅에서 택시를 몰며 연명했다. 망명지에서 애타게 고국을 바라보며 쏟아놓은 그의 이야기 '나는 빠리의 택시운전사'는 '나'에만 갇혀 있던 우리에게 주변을 돌아보는 계기를 주기에 충분했다.

성안 사람들이 몰사할 정도로 항전한 계사년 전투나, 탐욕스런 관리의 학정을 참지 못하고 맞서 싸운 임술년 농민항쟁과 더불어, 짐승만도 못한 취급을 받던 백정들이 스스로 인간임을 선언한 형평운동 등이 쉬 순치되지 않는 반골적 기질을 가진 이 지역 사람들이 진주를 거점으로 일으킨 운동들이다.

그 맥을 놓치지 말자는 뜻으로 움직이는 '형평운동 기념사업회'가 3년째 매달리는 것은, 장애를 겪고 있는 아이들의 문제다. 중증의 아이들을 모아 가르치는 특수학교가 있고, 그보다 증세가 덜한 아이들은 보통의 아이들과 섞어 가르쳐야 한다는 취지 아래 일반학교에 설치된 특수학급이 있지만, 그들에게 가해지는 차별의 가쇄는 억세고 견고하다. '형평'이 3년째 단위학교를 돌며 편견을 없애자는 순회수업을 하고 있지만, 털끝이나 건드렸을까? 성과를 입에 담기에는 너무도 미미하다.

도 교육청에 상시적 교육을 위한 교재발간과 교육청 차원의 지원을 거듭 요청했지만, 이런저런 이유로 원고개를 친다. 그래서 마련한 것이 '현장에서 곧바로 활용하는 인권교육'이라는 제목으로 개설한 교직원 직무연수였다. 누가 누굴 가르친다는 것이 아니라 함께 공부하며 고민해보자는 의도였다. 지난해 연말에 경상남도 전체 초중고교에 참가를 권하는 공문을 발송했으나 자발적 참가 신청자는 놀라울 정도로 적었다. "포토샵이나 요가, 재즈댄스 등의 재미있고 영양가 있는 연수가 얼마나 많은데 말만 들어도 지겨운 '인권'에 무슨 관심이 있겠나. 더구나 장애 쪽인데…" 하는 자조 섞인 동료의 푸념에 먼 산만 바라볼 수밖에 없었다. 선생은 그 연수회의 두 시간짜리 강사로 초빙되어 연강으로 진주신문의 시민강좌까지 두 탕(!)을 뛰었다.

신진초등학교에서 불과 스물 댓의 수강생을 앞에 두고도 선생의 강의는 성심을 다한 진지함이 있었지만, 저녁에 있었던 청소년회관에서의 강연은 전에 보지 못한 열강이었다. 수줍고 어눌한 발음과 고저장단이 거의 없는 말본새 때문에 졸음이 오기 십상인 구태(^^)를 벗은 모습이었다.

보란 듯이 강당을 메워 준 청중의 열기 때문이었을까? 질문에 나선 청중의 수준 또한 대단했다. "왜 선생은 프랑스 사회에는 관대하고 한국 사회에 대해선 그렇게 비판적인가?" 그는 흥분치 않고 답했다. "그 이유는 제가 한국인이기 때문입니다." 그에게 가해지는 공격 중 가장 고통스러운 것이 "그리 잘난 프랑스로 가라"는 것이었기에 이제 담담한 모양이다. 네 시간 동안 그가 쏟은 말을 내 가난한 손가락으로 어찌 다 옮기랴. 비용이 들겠지만 그의 저작들을 함 읽어보시라. 다시 읽어봄도 좋을 듯하다.

2007/1

우아한 세계

검정 양복에 깍두기처럼 썰듯이 깎은 각진 머리 모양의 덩치들이 90도로 허리를 굽혀 절한다. 이어서 이권수호와 서열 다툼의 연장인 야구 방망이와 쇠파이프가 난무하는 한바탕 활극이 벌어진다. 거개이 바탕화면을 배경으로 의리와 배신의 줄거리가 얹혀지는 것이 '친구' 이후 쏟아진 '한국식 느와르'의 일관된 패턴이다.

〈우아한 세계〉는 좀 다르다. 중간 보스급의 조폭인 강인구(송강호 분)의 일상을 담은 이 영화는 여태의 조폭영화와는 비추는 각도가 다르다. 조직과 이권의 명령에 복무하려면 빼앗고 어르고 패기도 해야 하지만 그에게 폭력은 유희가 아니라 직무의 수행이다. 그에겐 아비의 사회적 위치를 혐오하며 유학을 조르는 자식이 있고, 공기 좋은 전원주택에서 우아하게 사는 것을 꿈꾸는 아내가 있는 것이다.

자식들에게 좋은 것 먹이고 좋은 것 입히고 싶은 것은 여느 아버지와 다름없지만 기약된 '은퇴' 날도, 퇴직금도, 보장된 연금도 없다. 살아남고자 맞고 패는 기술을 직업으로 익힌 그가 그 모든 것이 두려움으로 다가오는 40대에 들어선 것이다. 평범한 듯 비범한 배우 송강호가 연기한 '생활인'인 조폭 가장의 애환을 울고 웃으며 봤다.

인간의 존엄을 외치는 개명한 세기에 살고 있다고는 하지만 따지고 보면 세상살이라는 것이 '약육강식'의 이치가 엄연함을 피해가기는 어렵다. 다만 구현되는 방식이 교활하고 더 교묘해졌을 뿐이다.

나라가 모두 대선을 향해 달려간다. 중앙선관위에 들어가 보니, 대통령을 하겠다고 예비후보로 등록한 이가 72명이나 된다. 청소부에서 전직 대통령의 딸까지, 무학에서 정치학 박사까지, 스님부터 목사까지, 41세부터 76세까지의 후보 중에는 벌써 저세상으로 간 사람까지 있다. 예비후보 등록이 11월 24일까지이고 돈 드는 것은 아니라니 그날까지 얼마나 늘어날지 알 수가 없다. 기네스북에 오르는 것도 시간문제일 듯싶다.

가관인 것은 예비후보 수효만이 아니다. 이 나라 신문 시장의 70%를 넘나드는 점유율을 쥔 조중동의 보도 태도는 더욱 가관이다. 국민의 알권리를 금과옥조로 삼고 정론직필을 외치던 여태의 아우성은 간 곳이 없다. 대선정국에 그들이 보이는 편향적 태도가 도에 넘친다.

고작 한 자리 숫자를 벗어나지 못하는 지지율을 밑천 삼아, 입만 열면 갖은 달콤한 수사로 현란한 탈바꿈을 변명하며 이합집산을 거듭하는 구여권의 지리멸렬함을 비웃는 데까진 이의가 없다. 하지만 당내 경선이란 폭풍을 앞두고 축재의 방법과 전력에 대한 시비의 회오리가 살벌한 한나라당 후보에 대한 조중동의 자세가 마치, 오누이나 연인을 대하듯 부드러운 것은 참으로 보기 역겹다.

심정적 지지를 탓하는 것이 아니다. '심판'으로서의 언론, 좌로도 우로도 치우치지 않는 보도의 공정성이 '생명'이라 도배하던 것이 엊그제 '기자실' 사태 때의 태도였다. 공직자의 도덕성을 문제 삼아 총리 후보로 나선 이의 위장 전입 문제를 물고 늘어져 둘씩이나 낙마시켰을 때의 추상 같은 자세와는 달라도 너무 다르다.

영화 밖의 〈우아한 세계〉를 보는 느낌이다. 그 '정론직필과 심판'들이 옮긴 '밥벌이 터'가 '캠프'라는 보도에는 구토가 인다. 엊그제까지 언론 본연의 역할과 사명에 대해 거품을 물던 논설위원, 편집국장, 워싱턴 특파원, 미디어 팀장이 모두 대선 캠프로 갔다는 것이다.

캠프로 못 간 이들의 엄호 또한 놀랍다. 최고 공직자가 되겠다는 이에게 제기되는 갖가지 '의혹'에 대해 "이 나라에서는 일을 많이 한 사람일수록 검증의 관문을 통과하기가 어렵게 돼 있다"며 나라 수준에 맞춰 이제 검증은 그만해야 한다고 주장한다. (동아일보 이규민 칼럼) 대신에, 개인의 부동산 정보가 유출된 경위를 추적해 '조져야 한다'는 쪽으로 초점을 몰고 가는 뻔뻔한 짓을 천연덕스럽게 하고 있다. 섭천 소가 웃을 일이다.

조폭인 강인구가 '생활'을 위해 애먼 사람의 손가락을 비틀듯이 기자 또한 '먹이'를 위해 기사를 비틀고 캠프로 달려가는 거라면 할 말이 없다. 하지만 두 부류가 '사람'을 골병 들이는 것의 질이나 양은 엄청난 차이가 있다.

2007/7

인생역경대학

100살이 되던 해에 스스로 음식을 줄여 단식으로 생을 마감한 '스코트 니어링'과의 삶을 기술한 헬렌 니어링의 〈아름다운 삶 사랑, 그리고 마무리〉가 소개된 것은 딱 10년 전이다. 자연으로 돌아가 스스로 힘으로 돌집을 짓고 자급자족하며 징그러울 정도로 절제된 삶을 살았던 이 부부의 이야기는 "인간을 동물과 구분짓는다는 것은 무의미하다"며 씨부렁거리던 나에게 인간 정신의 위대한 힘을 느끼게 한 놀라운 기록이었다.

그들 부부는 어떻게 먹이를 구하며, 무엇을 먹으며, 세상과의 관계를 어떤 태도로 임하며, 어찌 죽을 것인가에 대해 뜬구름 잡는 헛소리를 섞지 않은 생생한 실천을 통해 보여 주었다. 그것은 오로지 연명을 위한 수단에만 골몰해 있던 내 무딘 정수리에 붓는 얼음물이었다.

스코트 니어링의 자서전 첫머리는 이렇게 시작된다. '샘 존스'라는 사람이 저명인사 몇 명과 만나 호텔 식당에서 식사를 하기로 하였다. 초기 호텔에는 방명록이 있어 자기 이름을 적는 것이 관습이었단다. 모두 자기 이름 뒤에 '신학박사', '철학박사' 등의 시장 가격을 덧붙여

적었던바, 샘이 자기 차례가 오자 잠시 머뭇거리다 이름 뒤에 'L.L.L'
이라 적어 넣었단다. 옆에서 지켜보던 신학박사가 말했다.

"잠깐, 샘, 잘못 쓴 것 같은데, 자넨 대학 문턱에도 가본 적이 없잖
나?"

그러자 샘이 대답했다.

"천만의 말씀! 난 이래 봬도 인생의 역경이란 대학을 다닌 몸이오.
우리 대학의 색깔은 시퍼렇게 멍든 색이고, 구호는 '아얏!'이지."

"그럼 'L.L.L은 뭔가?"

"그건 배우고, 배우고, 또 배운다Learning, Learning, Learning는 뜻이라네."

모교(?)에 직접 가서 진실을 증명하겠다고 미국으로 떠난 '죄인' 신정
아는 뉴욕 공항에 포진한 기자들에 막혀 발대죽을 떼어 놓기가 어
려운 가운데 들이미는 카메라와 마이크를 피하느라 혼이 반쯤은 나
간 것 같았다. 청바지에 티셔츠, 그리고 어깨에 멘 가방은 이미 분석
에 들어가 시중 가격이 나왔다. 티는 영국제로 한 장에 20만 원, 가
방은 이태리제 200만~300만 원이란다.

그들에게서 솟아나는 도덕적 분노의 뒤편에는 적외선 카메라로 속
옷의 상표까지 확인하고 싶은 열망이 엿보인다. 신용불량자임에도
외제 차에 명품을 걸치고 자신의 신분 상승에 득이 되는 미술계 명

망가들에겐 갖은 알랑방귀를 뀌는 한편 지근의 동료들 사이에선 냉담하고 말수가 적은 의혹 속의 인물이었단다. 초등학교부터 성적과 생활 태도, 가족의 직업과 삶의 궤적들이 낱낱이 해부되어 인터넷을 타고 손가락 한번 까딱하면 친절히 배달된다.

화면마다 근엄한 얼굴로 분노를 삭이며 꾸짖는 '학력 순종'들의 논고가 사뭇 준엄하다. '경쟁하는 바닥마다 학력 투명성을 높이고 학력 품질 보증서를 쥔 사람들로 채워 지적 순도를 높여야 한다. 남들이 놀 때 공부 열심히 하고 노력한 사람들이 결과를 얻어가는 정직한 사회가 되어야 한다. 그러자면 학위 검증 시스템을 도입하여 이런 부도덕한 짝퉁들을 모두 쓸어내야 한다'는 요지다.

그렇거나 말거나, 날만 새면 꼬리를 물고 터져나오는 안면 있는 '죄인'들의 명단과 닦달하는 준열한 치죄에 쥐구멍을 찾는 이들을 본다. 이창하, 강석, 윤석화, 심형래, 오미희, 이현세, 주영훈 등, 그들이 보여준 재능의 탁월함을 통해 얻은 즐거움으로 치자면 그들이 지닌 능력과 실력은 어떤 족보 있는 학력과 맞장뜨더라도 뒤처지지 않는 것이 아니던가?

"그래도 거짓말은 곤란해, 그럼 개인의 도덕성이나 사회적 윤리가 뭐가 되는 거여?"

그렇다. 하지만 높은 학력을 학벌로 무리짓고 아류를 생산하여 거짓과 술수, 위선을 버무려 뒤로는 갖은 호박씨를 깐 순종 먹물들은 이 코미디 드라마에 이바지한 바가 없을까?

그러니 죄인들이여! '인생역경대학'을 졸업했음을 부끄러워하지 마라. 그까짓 학력 따위에 억압받지 않고 정직하고 당당하게 맞서 살 수 있는 세상이라야 바른 세상이다. 세상은 변하고 있고 그 갈림길에 그대들이 서 있다. 솔직하고 당당하라!

2007/9

'졸'이 보기에는

팬티만 걸친 건장한 사내 둘이 링 바닥을 뒹굴며 어디라 가릴 데 없이 마구잡이로 치고받는 화면을 처음 봤을 때만 하더라도 눈살을 찌푸리며 채널을 돌렸었다. 치고받기는커녕 빠르면 몇 초 길어야 이삼 분에 자빠뜨리면 승패가 갈라지는 '씨름'을 보던 눈으로 지켜보기엔 너무 잔혹했다. 그러나 이제 씨름은 타작마당에서 동네 대항전의 추억을 곱씹는 이들에게나 진진한 구경거리일 뿐이다. 장대비 퍼붓듯 미사일을 쏴 도시 하나를 초토화하는 실전을 위성중계로 보며 닌텐도의 필살기를 현란한 손가락질로 마스터 한 젊은이들의 환심을 사기엔 너무 순진한 스포츠다.

흥행이 시르죽을 수밖에 없는 씨름판에서 배를 채우기에 허기가 진 최홍만이 씨름판을 떠난 것은 어쩌면 당연하다. 최홍만이 태극 상징의 마우스피스를 끼고 도쿄돔에 오르는 날 곁눈으로 슬슬 지켜보며 시작된 그 야만적 격투기를 이젠 눈 하나 깜빡하지 않고 지켜보게 되었다. 맛들인 것이다.

구경 중 맛난 구경이 불구경, 시장구경, 싸움구경이라 한다. 옛말 그른 것 없다지만 최근에 벌어지는 일련의 사태들을 보며 그 속담을 들이대기엔 입맛이 쓰다. 수도 복판에 섰던 남대문이 솥방 타는 모습을 발화부터 잿더미까지 TV로 지켜보는 것이 쓰라렸고, 대형 마트와 백화점이 장바닥을 쓸어간 휑한 중앙시장을 보는 것이 그렇다.

게다가 달을 넘겨 이어지는 진주시청과 경남일보의 싸움을 보는 것은 더더욱 지겹고 짜증스럽다. 양어 받은 시정을 수행하는 지방정부와 견제와 감시가 사명인 언론의 공방이사 서로의 업무에 충실한 것이니 일건 당연함에도 삿대질과 드잡이 못잖은 막싸움으로 보이는 것은 무슨 까닭인가? 그것은 이 싸움이 시민을 위해 존치하는 기관인 진주시청과 경남일보가 시민의 이익을 위한 기능 수행의 문제를 논점 삼고 치고받는 싸움이라 보이지 않는 까닭이다.

이 지방 최대 권력자인 진주시장과 경남일보 사장의 정치적 이권과 자존심 싸움에 두 기관이 동원되었다는 느낌을 지울 수 없다. 쌍방이 내세우는 명분과 논리는 그럴듯하지만 들여다보면 '공천'과 관련한 사적 이익에 얽힌 힘겨루기가 발단되어 줄 싸움 패싸움이 된 형국이다.

코드가 맞지 않는 대통령을 아침마다 '조지는' 신문과, 터지는 것에는 이골이 났으니 니 쪼대로 해보라며 '뻗대기'를 일삼던 대통령이 살던 지난 5년을 여물게 학습한 탓인가 보다. 이들은 '언론탄압'과 '절독지침'을 내세우며 송사를 마다치 않고 공방을 거듭한다. 과거 권언유착의 시대에 중앙정부와 메이저 신문과의 관계가 그러했듯이 한편에선 '계도지'란 이름으로 뭉텅이로 신문 사주고 또 한편은 말썽 없이 적당히 시정 홍보해주며 사이좋게 지내던 때보다는 그래도 보기가 낮다. 하지만 그 '긴장관계'의 배경이라는 것이 정치적 파워게임으로 보이니 기분이 더러운 것이다.

시민 보기를 '졸'로 보는 행태는 어제나 오늘이나 매일반이다. 맘에 안 들면 현직 대통령도 패대기를 쳐 박살을 내는 언론 권력의 힘을 5년 동안 지켜보았기에 간 큰소리하기엔 소름이 돋지만 내 보기엔 시장보다는 신문이 더 걱정된다. 대통령도 탄핵해 끌어내리려 했는데 무슨 대수랴. 시장에게 명백한 과오가 있다면 '주민소환'의 칼을 쓰거나 그도 아니면 차기 선거를 통한 심판의 기회가 있다. 하지만 언론의 문제는 자체의 자정능력과 구성원들의 소명의식에 맡겨야 하지 않는가. 이번 사태의 진행 과정에 경남일보가 석연찮은 해명을 하며 인터넷 홈페이지를 오랫동안 걸어 잠그는 것도 당당해 보이지 않고, 경영개선을 위해 취임했다는 신임 사장의 과도한 정치적 행보 또한 의욕이 지나쳐 보인다.

들으니 시의회 의장의 주선으로 양측이 만났다고 하는데 그런 식으로 우물우물 해결하는 것 또한 시민을 엿 먹이는 짓이다. 몇몇 단체가 주장하는 공개토론에 찬성한다. 결코, 이 문제에 자유로울 수 없는 갑, 을의 국회의원, 그리고 그들을 물리치고 이 지역 국회의원이 되겠다고 현수막깨나 붙이고 있는 후보자들도 이참에 명백한 견해 표명을 해야 하지 않겠는가.

서슬 퍼런 권력들이 편을 갈라 고소 고발을 일삼으니 그 살벌한 위세에 소시민이 할 수 있는 일이란 애꿎은 삼겹살만 뒤집으며 소주판에서나 구시렁거릴 뿐이다. 시방, 장밋빛 공약을 들고 한없이 조아리

고 다니는 분들, 이번에 힘없는 시민들을 위해 한 건 하시라. 그들이
가장 훌륭한 배심원임을 잊지 마시라.

2008/1

잠포학교

고성에서 충무로 향하는 길가에는 푹푹 찌는 염천의 날씨에다 쉼
없이 오가는 차들이 내뿜는 고약한 열기에도 아랑곳없이 오직 거무
죽죽한 파라솔의 손바닥만 한 그늘에 의지한 강냉이 파는 아낙들이
줄지어 앉아 있다. 학섬 휴게소 내리막길에서 오른쪽으로 꺾어 이리
구불 저리 구불 돌다 나타난 '잠포학교'는 포구의 어귀에 '니은' 자 모
양으로 웅크리고 있다. 취락이 통통하고 사람 통행이 번다한 곳에
다 번듯하게 '특수'한 시설을 만들기엔 아직도 만만치 않은 세상인심
을 생각하며 현관을 들어서니 전교생의 사진이 큼지막이 걸려 있다.
서글서글한 눈매의 교장 선생님이 올해 개교한 학교의 설립 배경을
설명하며 앞장서 시설 안내에 나선다.

초등과 중등 12년 과정을 함께 수용하는 1, 2층 시설은 쾌적하고 훌
륭하다. 많아야 열 명이 채 안 되는 반편성에 미술실, 음악실, 컴퓨
터실, 시청각실 등의 부속교실과 키 높이에 맞춰 오르내리는 농구대
가 있는 체육관까지 갖춰져 있다. 모두 마흔여섯 명의 아이들을 16
명의 교사와 10명의 보조원이 보살피고 등하교는 휠체어 리프트가
장착된 두 대의 통학버스가 통영~고성 간을 오가며 이들을 태워 나
른다. 병풍처럼 둘러쳐진 산자락 아래에 오래된 팽나무 그늘이 있는

후원까지 갖춘 학교의 코앞은 바로 바다니. '외지다', '유배' 따위의 단어를 떠올렸던 것들이 미안할 정도로 좋은 환경이었다.

이 학교를 보며 국가가 세금을 이렇게도 쓸 수가 있구나 하는 황감한 생각이 든다. 물론, 그동안 정부는 부자클럽[OECD]에 가입한 체신에 걸맞게 점자 보도블록을 깔고 수화방송을 하고 관공서와 공공시설에 장애인용 화장실 설치를 의무화하고 저상버스 도입을 촉구하는 등 장애인 편의를 위한 성의를 보였다.

작년에는 오랜 줄다리기 끝에 당사자들의 주장에는 미흡하지만 〈장애인차별금지법〉이 국회를 통과했다. 제도의 기틀을 세우고 법률적 장치를 마련한 것은 반가운 일이다. "거두어 우선해 쓸 곳이 많은데 소수를 위해 그만한 성의를 보이는 것이 어디냐?"라는 반론이 있겠지만 다만, 이제 시작하는 마당이니 기왕에 쓰는 세금 제대로 써 주기를 당부하고 싶다. 실효성과 실질성의 문제다. 규정에 맞춰 색깔은 노랗게 칠했지만 무턱대고 따라가기엔 낭패 보기 십상인 점자블록이나, 규격은 맞지만 휠체어가 드나들기 어려운 화장실, 버스는 저상용이지만 내리면 움직이기 어려운 수많은 턱이 그것이다.

잠포학교도 들여다보면, 깔끔하지만 학교 특성에 맞지 않는 미끄러운 복도, 지적 장애를 가진 아이들이 열기엔 어려운 손잡이, 화재 시 엘리베이터가 정지했을 때의 대책 등의 문제들을 선생님들이 지적하지만, BTL이란 민자 유치로 지어져 시설 보수의 절차가 까다롭기 짝이 없단다. 이런 문제를 미리 막으려면 설계 당시부터 면밀한 검증이 이루어져야 한다. 고구마를 원하는데 감자를 주며 비슷하니 만족할 것으로 생각하는 것은 옳지 않다. 시공을 전후해 당사자 참여가 꼭 필요하다. 도움을 줄 수 있는 많은 단체가 있다.

아흔아홉 마리의 양을 내버려두고 잃어버린 한 마리의 양을 찾아 나서는 목자의 행동에 관한 반론으로 "그럼 한 마리 때문에 방치되는 아흔아홉 마리는 뭐냐?"고 덤비는 대거리를 진정시킬 마땅한 논거를 보지 못했었다.

물론 이 비유에 관한 엄청난 분량의 성경적 해석이 있겠지만 묻는 자나 답하는 자나 기독교를 신앙하는 '믿음'에 근거한 논란을 벌이자는 것이 아닌 터라 그런 종교적 해석들은 논외로 치고 하는 이야기다.

이에 대해 한 정신분석의가 소개한 정신의학적 해석이 명쾌하다.

「목자가 남은 양들에게 "길 잃은 양은 어차피 찾기 힘들 테니 깨끗이 잊고 우리끼리 잘살아보자"라고 한다면 양들은 안심할 것인가. '언젠가 내가 길을 잃으면 목자는 나를 버릴 것이다'라는 생각 때문에 무리 전체가 불안과 피해 의식에 휩싸일 가능성이 크다. 길 잃은 한 마리를 포기하지 않는 목자를 보면서 아흔아홉 마리의 마음에 자리 잡는 것이 바로 '본질적 신뢰'다.」

우리 사회가 '본질적 신뢰'가 있는 사회냐의 문제는 거대하니 논외로 치더라도 오후 3시면 귀가하는 잠포학교 아이들을 그 시간 이후에는 누가 돌보아야 하느냐 하는 것은 심각한 문제다. 한 집안에 지

적 장애를 겪는 아이를 둔다는 것은 말 그대로 재앙이다. 모두 마라
토너가 될 수는 없으며 수영 선수가 될 수도 없다. 혼자 둘 수 없어
슈퍼마켓에라도 데려오면 제발 뚫어지게 쳐다보지들 만이라도 말자.
진주에는 '혜광학교'가 있고 거기에도 속하지 못한 많은 아이가 있
다. 우선 그것부터 시작하자.

2008/7

3부

가장 나쁜 뉴스는 '침묵'이다

정의란 무엇인가

나도 조선일보를 본다. 혼란한 세태를 견디려면 좌우를 살펴 균형 잡힌 시각을 가져야 함이 시민 된 도리라 여기기 때문이다. 이 땅의 신문을 죄다 모아놓은 포털에 들어가 입맛대로 누르기만 하면 갖가지 주장이 엇갈리는 실시간의 기사를 볼 수 있음은 시대가 준 유익이다. 신문사로서는 판매 부수가 떨어지는 살림 걱정이 있어 미안한 일이지만 한편으로는 종이 쓰레기를 줄일 수 있다는 이점도 있는 것이다.

조선일보의 대표 논객인 김대중 주필의 〈기자의 세 가지 터부〉란 기사가 입력된 것은 3월 7일이었다. 내용인즉 "'종교' '지역' '여성' 세 가지 주제를 함부로 건드리면 신문사가 공격을 받음은 물론 기자 밥줄에도 문제가 생기니 그 두려움 때문에 다루길 기피하게 된다"는 고백이다. 그 세력들의 심기를 건드리면 거품을 물고 집단적으로 덤비는 풍토 속에서 움츠리게 되는 기자들의 신세를 개탄하며 이기적 집단들의 폭력적 행태에 '두려움'을 토로하는 노 기자의 한숨 소리가 자못 크다. 공감이 가는 글이다. 그의 능수능란한 글 부림과 그 어떤 사안에도 앞뒤의 아귀가 맞아떨어지는 정연한 논거를 토대로 한 소구력 높은 문장은 항상 감탄을 자아내게 한다.

다만, 이번 글의 아쉬움을 말하라면 이른바 그 세 가지의 터부에다 '자사의 사주나 그 일가에 대한 비판'을 더했으면 완성도가 더 높지 않았을까 하는 생각이 들었다. 댓글을 달아보려 여기저기를 눌러도 그분의 글은 유일하게 대꾸를 허락지 않으신다. 상처받기 쉬운 심성인가? 나처럼.

SBS에서 장자연 양의 새로운 편지에 관해 보도한 것은 거의 비슷한 시점이었다. 죽음의 배경을 뒷받침할 상당한 분량의 편지가 발견되었다는 것이었다. 목표를 향해 달려가던 젊은 여성의 한 서린 죽음이 석연찮게 덮였다는 의혹을 갖고 있던 이들은 SBS의 용기에 환호했다. 권력 지향적인 방송 행태를 두고 SBS의 이니셜을 따 모욕적 은어인 '시방새'라 부르며 조롱했던 네티즌들도 참회(!)의 글을 올리며 박수를 보냈다. 재수사를 촉구하는 외침이 있었고 인터넷에서는 또다시 접대에 연루된 31명의 명단이 나돌았다. 필적 감정을 위해 국과수로 넘어간 편지가 '가짜'라 판명되기까지 전개된 상황은 모두가 아는 바다.

그 와중에 조선일보 직원 중 가장 바빴던 사람은 아마 기사 밑에 달리는 '100자 평' 관리자가 아니었을까 한다. 장자연 관련 기사 밑은 '관리자가 (주제 무관, 혹은 비속어/비하) 사유로 백자평을 삭제하였습니다'라는 벌건 글자로 연일 도배가 되었다. 그동안 조선일보는 자사 관련 입장을 몇 꼭지 올렸는데 "스포츠조선의 대표가 연루되었을 뿐 조선일보 대표는 이 사건과 무관하다"는 것이 그 중 주목할 만한 기사였다.

권위 있는 국가기관의 감정 결과에 이의를 제기할 근거도 능력도 없고 감방에 있는 미친 놈이 벌인 해프닝이라는 경찰의 발표도 수긍한다. SBS의 우 기자도 오보에 대한 사과 성명을 냈다. 그리고 장자연은 또다시 역병에 묻히고 지진과 쓰나미에 쓸려 흔적도 없이 사라졌다. 그러면 끝난 것인가?

한 사람이 모욕감과 수치심을 견디지 못하고 목숨을 끊었다. 그런 선택을 할 수밖에 없었던 정황과 원인인 매니저와 31명의 명단을 주민번호를 쓰고 지문을 찍어가면서 유서를 남겼다. 이건 남은 자들이 밝히고 바로잡아 달라는 목숨을 건 청원이 아닌가. 그 처절한 애원에 답하는 한국 사회의 상식에 절망한다. 지난해 유행처럼 회자하던 정의란 무엇인가? 약하고 억울한 자의 눈물을 닦아주는 대신 힘 있는 자의 아랫도리를 덮어주는 것인가?

2011/4

아! 노무현

그해 오월. 그의 비극적 선택이 준 충격은 너무 컸다. 피붙이 살붙이가 아닌 타인의 죽음에도 그렇게 둔중하게 내리누르는 통증을 느낄 수 있음을 처음 알았다. 그토록 극단적 방법을 결행한 그가 그저 원망스럽기만 했다.

"그래, 잘나섰어. 그래도 좀 견뎌내지. 헛것들이 제 밑이 구리니 저 지랄들을 하는데 그까짓 수모조차 목숨하고 바꾼다면 우리 같은 사람은 이 비루하고 남루한 세상살이를 어찌 견디라고 아이고…."

그 외람되고 몽매한 애도는 참으로 따뜻한 품성과 강인한 정신을 지닌 매력적인 남자 노무현에게 부리는 어깃장이요 넋두리였다.

그를 처음 본 것은 1988년 5공 청문회를 중계하는 화면에서였다. 정경유착의 당사자로 증인석에 선 정주영에게 심문자로 나선 국회의원 명색들이 "회장님"이라 칭하며 비굴한 웃음을 머금고 황송하게 '여쭙는' 코미디를 지켜보며 혀를 차고 있었다.

진풍경이 벌어진 것은 그 어수룩하고 낯선 새내기 의원이 마이크를 잡으면서부터였다. 받침이 절도 있게 똑 부러지는 경상도 발음으로 추궁해 나가는데 정곡을 찔린 천하의 정주영이 슬그머니 꼬리를 내리는 것이었다. 느물거리며 답변을 눙치고 은근슬쩍 넘기던 한국 최대의 재벌 총수가 일순간 떡이 되었다. 서슬 퍼런 눈길로 의원들을 압도하던 전임 안기부장 장세동도 벅벅거렸고, 전두환은 하마터면 날아간 명패에 칠성판을 맬 뻔했다.

그가 노무현이다. 그때부터 그의 정치적 행로를 눈여겨보게 되었다. "사람을 위해 법이 있는 것이지 법을 위해 사람이 있는 것이 아니다." 라는 명구를 날리며 파업 현장의 노동자들과 함께 바닥을 뒹굴었고, 반독재 투쟁으로 붙들린 젊은이들의 구명에 앞장선 인권 변호사였다.

김영삼의 3당 야합에 정면으로 맞섰고 지역구도 청산의 실현을 위해 의원직을 초개같이 던졌다. 그리고 마침내 대통령이 된 것이다. 기대했던 바대로 그는 용상에 앉아 옥음을 굴리는 지엄한 나라님이 아니라 위엄 따위는 걷어낸, 서민과 동류의 언어를 구사하는 지도자로 직임을 시작했다. 우리의 곡식을 맡아 관리 집행하다가 임기가 끝나면 다시 우리 중의 하나로 돌아오는 대통령을 가질 수 있음은 지지리도 지도자 복이 없는 이 나라 역사의 중요한 변곡점이었다.

생명 가진 모든 것은 존귀하다. 굶는 이 없어야 하고 아프면 치료받아야 한다. 느끼고 누려야 하기에 교육받아야 하고 등짝 붙일 거처가 있어야 한다. 그가 말했던 '사람 사는 세상'은 공동체가 이루어야 할 궁극의 목표이고 나는 그에게서 실현 의지의 진정성을 보았다. 그렇기에, 시종 그를 흔들었던 민주당의 이중성이나 "좌측 깜빡이 켜고 우회전하는 중도 우파"라는 모욕적 언사로 보수 꼴통 못잖게 맹렬한 공격을 퍼붓던 이른바 진보 진영 모두 징그럽다. 사악한 수구 정치집단이나 검찰, 조·중·동 따위는 차치하고 말이다.

하지만, 이제 접어야 한다. 대통령으로서 그가 다룬 정치적 행위에 대한 공과는 평가를 거쳐 새겨질 것이다. 지금 우리는 어처구니없게도 역사의 역진을 목도하고 있다. 순식간에 나라가 개판이 된 것이다. 한시바삐 퇴행하는 역사를 바로잡는 길로 나서야 한다. 또다시 말로만 하는 연대, 조직의 이기적 생존을 위한 행각으로 저 무능하고 부도덕한 무리의 진행을 멈추지 못한다면 그 고통은 고스란히 민중의 몫이 될 것이다.

스코트 니어링이 백 번째 생일을 맞이하던 날, 이웃 사람들이 찾아왔다. 그들이 들고 온 깃발 하나에 이렇게 쓰여 있었다. "스코트가 백 년 동안 살아서 세상이 더 좋은 곳이 되었다."

노무현 선생! 당신은 비록 그렇게 가셨지만 당신이 다녀가신 덕택에 우리는 더 좋은 세상을 얻을 것입니다.

2011/5

됐고, 뭉쳐라!

이명박 정부의 독선, 부패, 반서민, 반노동자, 반환경적 토건정책은 이제 어처구니없는 지경까지 왔다. 물가, 전세, 등록금은 감당키 어려울 정도로 치솟고 자영업과 중소기업의 몰락, 해고, 실업 등으로 서민의 삶은 재앙 수준이다. "내가 해 봐서 아는데"를 외며 세상 모든 문제에 전능하다 자임하는 대통령은 불굴의 소신으로 강바닥에 수십조를 쏟아붓고 부자 세금 깎기에 흔들림이 없다. 도리 없다. 선택의 대가니 치를 수밖에.

순식간에 역사 퇴행의 어지럼증을 맛보여준 이 정권을 연장하는 데 동의하는 자들은 지극히 소수일 것이라는 생각과 정권교체의 유일한 길은 이른바 민주 개혁세력과 진보세력의 대통합 외에는 없다는 것을 전제로 쓴다.

뭉치지 않으면 어렵다는 인식은 제 정당의 공통적인 정서인 것 같다. 다만, 방향과 방식에 꿍꿍이가 다를 뿐. 군소정당 통합 움직임의 방향은 민주노동당, 진보신당, 국민참여당 등이 어디하고 붙든 1차 통합해 덩치를 키운 뒤 민주당과 맞장을 떠 지역구를 탈환하는 방식으로 향하는 것으로 보인다. 이른바 단계적 연대다. 지난 6·2 지방선거와 4·27보선에서 썼던 두 가지 수법이다. 지도부 간 지분 나누기로 민주노동당 후보를 낸 순천은 반발한 민주당 당원이 탈당 후 출마했다. 전라도였기에 망정이지 딴 지역이었으면 필패다. 여론조사를 통한 후보 단일화를 시도한 경기도와 김해는 탈락한 후보 지지자들의 냉소적 외면으로 쓴맛을 봤다. 서로 버티다 연대에 실패한 서울은 '5세훈이'란 옥동자를 낳았다. 한나라당에 어부지리를 주기 딱 좋은 구도다. 결론은 지금의 정치 지형에서 야권이 종래 연대 방식으로는 수구 정당의 연장을 막을 도리가 없다는 것이다.

두 번의 선거를 통해 보여준 '민심'의 속내는 "이 정권 틀렸고, 일견 비슷해 보이는데 허구한 날 갈라져 찌그럭거리는 니들 또한 마뜩잖지만 만약 니들이 뭉쳐 하나로 나오면 찍어줄 용의가 있다"는 것으로 읽힌다는 것이 대종을 이루는 해석이다.

이것을 '국민의 명령'이라고 보는 것이 문성근이고 이 '천심'을 구체화하기 위한 모임의 연구 성과가 다음의 제안이다. "민주당, 민주노동당, 진보신당, 국민참여당, 창조한국당으로 나누어진 세력의 뿌리를 거슬러 올라가면 87년 6월 항쟁에 닿아있다. 민주화 이후 분화되었으나 역사의 반동을 맞은 지금, 위기극복을 위해 초심으로 돌아가 대통합을 이루라"는 것이다. 구체적 세부안 중 핵심사항을 들여다보니 서로 이념과 가치기반이 다르고 표방하는 정강정책의 차이가 있음을 인정하여 각 정파의 정체성 존중을 출발의 전제로 한다. 단일 정당 안에 5개의 정파가 정책연구 당원관리를 독자적으로 해나간다 등이다. 지도부 구성, 후보선출 방식, 통합당원 구조 등 난제들이 있지만, 세계 정치사에 유례 재없는 이 제안은 우리 상황의 위중함이 낳은 절박한 타개책으로 보인다.

이 제안을 주제로 열린 몇 차례 토론회를 보건대 양 진영 지도부가 총론에서는 고개를 주억거리는 듯하다. 하지만, 헌신적 열정과 신념 윤리로 무장한 진보정당 구성원이나 이미 출마를 작정하고 뛰는 민주당 기득권자들을 설득하는 것은 호락호락하지 않을 것 같다.

문성근은 '광야에서 외치는 자'다. 100만 명의 시민이 함성을 질러 민주 진보진영을 하나의 정당으로 묶어내자는 운동의 꼭두쇠로 작년 9월부터 전국의 길바닥을 돌기를 110여 차례. 제 머리 스스로 깎기 어렵듯이 갖가지 이해와 신념이 난마같이 얽힌 그들 정치력의 한계를 국민의 이름으로 뭉치라고 '명령'하자는 것이다. 진정으로 바라건대 통합정당이 창당되어 정권교체가 이루어지면 지역 구도가 깨어져 민주적이고 진보적인 전국정당의 모습이 갖추어질 것이고 장차 선거제도 개편을 통해 진보정당의 독자적 생존구조가 이루어져 분립의 토대가 만들어질 것임도 믿는다. 이 모든 것이 굶는 이 없고 차별받지 않고 상식이 통하는 사람다운 삶을 꿈꾸는 몸부림 아닌가. 동참이 요구된다.

2011/6

삼보일픽

'삼보일픽'을 하겠다는 탁현민 교수의 글을 트위터에서 읽고 대체 어쩌겠다는 것인지 궁금하여 인터넷을 뒤졌더니 그 '픽'은 탁 교수가 MBC 사옥 앞에서 세 걸음 내딛고 MBC를 향해 팔뚝질을 해대는 것이었다. 다 큰 어른이, 그것도 곱상하게 생긴 교수 명색이 백주에 방송국 앞에서 무언의 쌍욕을 몸짓으로 해대는 광경은 좀 우스웠다.

둘러싼 기자들 틈에서 연거푸 동작을 바꿔가며 그 '짓'을 하는 그를 지켜보는 것은 어이없고 불편했다. 공연기획에 탁월하다더니 그 친구 그걸 노렸나 보다. 탁현민의 퍼포먼스는 권력이 아무리 납득할 수 없는 황당한 짓거릴 하더라도 개인이 할 수 있는 저항의 한계를 하소하는 몸짓이었고 졸지에 맞은 이 어처구니없는 시대를 사는 처연함이었다.

MBC가 부랴부랴 만든 새로운 심의규정이란 것이 오로지 손석희의 〈시선 집중〉에 출연키로 내정된 김여진의 출연을 저지하려고 만든 '김여진 법'임은 두말할 나위 없다. "사회적 쟁점이나 이해관계가 첨예하게 대립한 사안에 대하여 특정인이나 특정단체의 의견을 공개적으로 지지 또는 반대하거나 유리 또는 불리하게 하거나… 경우에 출연을 금한다"라는 이 장황한 규정을 줄이면 '딴따라가 감히 사회를 논하다니 그것도 정부의 반대편에 서서'라는 것이다. 세상의 후미진 곳에 손을 내밀었을 뿐인 그녀에게 "못생긴 미친년"이라 퍼붓던 한나라당 자문위원이나 "밥집 아줌마같이 생긴 여진족"이라 했던 어떤 얼간이의 발언은 품격의 유치함이나 상식의 수준이 MBC 경영진과 비등하다.

KBS 기자가 수신료 인상저지 방안을 논의하는 민주당 대표실에서의 회의 과정을 도청하여 한나라당 의원에게 넘겨주었다는 의혹을 받은 지가 지금까지 한 달이 넘었다. 자료를 넘겨받아 호기롭게 발표했던 국회의원 한선교는 면책특권을 주장하며 경찰 수사에 불응하고 KBS는 '벽치기, 언론 자유, 취재원 보호' 어쩌고 하며 너무도 당당하게 오리발을 내민다. "노트북과 휴대전화기를 분실했으며 사건 당일 국회에 가지 않았다"는 그 '꼬마 기자'의 주장은 거짓말로 드러났다. KBS 내부에서조차 설문조사에 응한 97%가 민주당 도청에 자사가 연루되었다고 본단다. 세상에 공영방송의 기자가 야당대표 사무실을 도청한 의혹이 있음에도 한 달이 넘도록 헛소리만 오가는 세상에 우리가 산다. 더욱 기가 막히는 것은 KBS 내부 설문 응답자 중 95%가 경찰이 도청의혹에 대한 실체적 진실을 밝히지 못할 것으로 생각한다는 것이다.

세상이 너무 뻔뻔하다. 벼슬 지니고 힘깨나 쓴다는 사람들의 표리부동함이나 협잡질은 수십 년 걸쳐 지켜봐 온 터라 그다지 놀랍지 않은 일이나 소위 언론에 종사하는 사람들은 그나마 각성의 시기가 있었기에 좀은 나아진 줄 알았다. 때 이른 태풍과 장마로 어디라 할 것 없이 물난리가 났는데도 파 뒤집어 놓은 4대강이 어찌 되었는지 툭하면 돌려대던 '심층취재' 하나 보지 못했다. 연유야 어찌 되었건 나이 쉰 줄의 여자가 무려 200일째나 크레인 꼭대기에 매달려 미친 듯 불어대는 바람을 맞고 있는데 관심은커녕 그 애 터지는 노동 운동가를 격려하기 위해 비 내리는 부산역에 만 명의 사람이 모였음에도 까마귀 활 본 듯하는 것이 이 나라 방송이다. 조중동이야 개인 사업자가 하는 광고 장사꾼이니 그 밑에 빌붙어 연명하는 월급쟁이들에게 언론인의 사명이니 어쩌니 하는 고등한 언어를 들이대기조차 부질없으니 차치하자. 하지만, KBS나 MBC는 세금으로 만든 공영방송 아닌가? 권력의 임명을 받고 출세의 사다리를 탄 한 줌도 되지 않는 이들에 덜미 잡혀 끽소리 못하고 이 황당한 짓거리에 끄달려 가는 방송 종사자들을 보는 것은 애처롭다.

멀리서 '삼보일폭'을 보낸다. 또한, 이따위 팔뚝질이 무력감에 빠진 무지렁이 시민의 자위행위임을 인정하고 내년 선거에는 여물게 나부댈 것을 다짐한다.

2011/8

곽노현을 보며

'법대로 해라!'는 말을 더러 쓴다. 특별히 그 '법'이라는 물건을 주무르는 능력이 있어서라거나 혹은, 간이 배 밖으로 나와서는 아니다. 묵은 친구들과 장난질할 때 요긴하게 쓰는 우스개로서 이 '법'은 허랑한 뱃심을 채워주는 재미가 있어 간혹 능청으로 부린다. 그런데, 정색하고 '법' 운운하면 오금부터 저려오는 것은 그 물건을 다루는 이들이 자기 집단과 권력자를 옹호하는 데 고무줄 늘이듯 악용한 역사를 보아온 까닭에 갖는 서글픈 두려움일 것이다.

곽노현 교육감을 가두자는 검사의 요청을 판사가 받아들여 그들 가족은 추석을 거꾸로 쇠고 말았을 것이다. 안됐지만 그건 그 집 사정이니 천 리나 떨어진 우리 집은 비록 갈수록 단출해지는 식구 수나 차례상이지만 잡혀 가두어진 식솔이 없음을 다행으로 여기며 음복을 마치고 둘러앉았다.

추석 맞아 여야 정치인들이 함박웃음을 지으며 시장으로 터미널로 종종걸음치는 것이 공연한 발품은 아닌가 보다. 대뜸 대화는 정치로 흐른다. 훈이와 철수 이야기를 건너 자연스럽게 곽노현에 이르렀다. 전선이 확연하게 나뉜다. "명색이 진보를 외치는 교육자가 2억 원이

나 되는 돈을 줬는데 그게 뒷돈이 아니라면 도대체 뭐냐. 양심적이고 도덕적이고 어쩌고 하면서 뒤로는 호박씨 까는 것이 좌파들이 하는 짓이여. 2억 원이 누구 애 이름이냐…” 하고 핏대를 올리는 것은 노땅들이었고 젊은 것들도 제법이나 쫑쫑거리며 맞섰다. “그 사람도 서울대학씩이나 나온 법대 교수이니 단일화 협상 당시 후보사퇴 대가로 돈을 요구하는 것은 있을 수 없는 일이라며 자리를 박차고 나왔고, 동서지간이라는 양측 참모들끼리 뒷거래가 있었다는 것은 5개월이나 지나서 알았으며 박명기가 자살까지 생각한다는 말에 선의로 돈을 줬으며…”

비록 밥상이 뒤집히진 않았지만, 반주까지 곁들인 자리였으니 제법 된소리가 나는 불쾌한 토론이었다. “양측 모두 확실한 증거가 없을 때 가장 격렬한 논쟁이 벌어진다”는 금언이 생각난다. 모두 ‘법’하고는 열 촌이 넘은 사람들이니 법리적으로 맞설 리야 만무하고 다만, 두 진영이 주장하는 사실관계의 정보 입력경로는 빤히 읽힌다. 노땅들의 주장은 이 나라 방송 3사와 조중동 신문의 논조를 그대로 판박았고, 젊은 것들은 인터넷과 소셜 네트워크의 논거를 옮긴 것이었다.

곽 교육감이 2억 원을 준 것이 경합하던 후보자의 사퇴 대가로 준 것인지 아니면 중도 사퇴로 선거 비용을 보전받지 못하니 빚에 몰려 자살의 지경에 처한 것을 보다 못해 준 것인지 판단할 깜냥은 없다. 장차 ‘법’이 알아 해줄 것이다. 그런데 이 나라 검찰이 그 물건을 들이대는 애초의 시점이 묘하다. 오세훈 쇼의 주제가 뭔가. 무상급식이다. 발의는 서울시 교육청이었고 수장이 곽노현이다. 그런데 180억

원이나 들인 찬반투표의 함도 못 열어보는 결과가 나왔고 책임을 진다며 오세훈이 사퇴하는 날 곽노현 사건이 터졌다. 그날 밤으로 채널만 돌리면 빳빳이 굳은 곽노현이 나오고 날이 새니 신문마다 첫머리에 '파렴치한' 진보 교육감의 가증스러운 소행들이 줄줄이 나온다. 신문 방송이 거품을 물고 나발을 분 덕에 죄가 있고 없음을 떠나 곽노현은 이미 천하의 쓰레기가 되었다.

더욱이 돈 받은 박명기는 경선 포기 대가로 2억 원을 받았노라 자복했단다. 교수직도 잃고 10년간 벼슬도 못함을 아랑곳않고 '나 죄 있소' 주장한다는 것이다. 거대 로펌의 변호를 받으며 하는 주장치곤 괴이하다. 수십 억을 해먹은 공정택은 막중한 서울교육의 책임을 수행하느라 대법원 판결이 날 때까지 기다렸는데 곽노현은 바로 구속이다. 그날, 엄청 해먹은 천신일은 보석으로 풀려났다. 적용의 형평이나 무죄추정의 원칙, 피의사실 공표의 위법성 따위는 안중에도 없는 것인가. 법과 상식의 간극이 너무 큰 세상에 산다.

2011/9

개망초

정작 '개'의 입장에서는 억울하고 어처구니없는 노릇이겠지만 말머리에 접두사 개가 들어서면 멀쩡한 것도 몹쓸 것이 되는 것이 우리말본새다. 듣기만 해도 군침이 도는 '떡'이나 '기름', 예물로 드리고자 잘 차린 음식이란 뜻의 '차반'이나 귀 기울이고 싶은 고운 입말인 '소리', '꿈' 심지어 '죽음'에 이르기까지 앞머리에 개 자가 붙으면 본래의 어의와는 딴판으로 모두가 헛되고 쓸데없는 것으로 구겨져 버린다.

식물의 이름씨에는 유난히 이런 작명이 수두룩하다. 대개 질이 떨어지거나 흡사하지만 다르다는 뜻으로 혹은 변변치 못하거나 짝퉁, 또는 저급한 것을 총칭하는 것으로 규정된 비루한 팔자인 것이다.

그중에 '개망초'가 있다. 국화과의 두해살이풀인데 북아메리카 어름에서 날아온 귀화식물이다. 길가나 들판 밭두렁에 지천으로 널려 있지만 주목받지 못하고 구박이나 받는 천출이다. 생긴 것은 구절초나 쑥부쟁이와 비슷하지만 받는 대우로 따지자면 반상의 위계가 있듯이 구분의 서슬 또한 시퍼렇다. 가만히 들여다보면 미운 구석이 없는 아름다운 들풀이지만 일제가 수탈물자 수송을 위해 철길을 놓는데 씨앗이 묻어 들어온 것이 경술국치 무렵에 지천으로 피어나 망국

초, 왜풀, 개망풀이란 별호까지 얻은 얄궂은 운명의 식물이다.

얼마 전 우즈베키스탄 출신 귀화 여성인 구수진 씨가 부산의 한 목욕탕에 갔다가 출입을 거부당한 기사가 올랐다. 비록 모국은 아닐지언정 엄연히 대한민국의 국적을 취득한 이 나라 국민임에도 생긴 모습이 다르다는 이유로 목욕탕 출입조차 제지당한 그 사람의 심정이 어땠을까 생각하니 참 부끄럽고 미안하다.

목욕탕의 위치적 특성이나 정황을 보건대 업주만의 문제라기보다는 평소 우리 사회가 외국인을 대하는 태도에서 보이는 이중적 잣대의 징그러움을 고스란히 보여준 사례다. 유창한 영어나 불어, 독어를 구사하는 백인을 바라보는 태도와 동남아 출신이나 중국인을 대하는 자세는 그 차이가 하늘과 땅이다. 차라리 주야장천 부르대는 그 잘난 '단일민족'의 순혈주의에 따라 모든 외국인에 대한 인종적 증오를 가리지 않고 보인다면 용렬함의 일관성이라도 있다 하겠다.

하지만, 백인을 제외한 다른 인종에 대한 우월감, 편견 경멸의 의식은 이미 마음속 깊이 내재하여 고질이 된 것 같다. 이런저런 연유로 남의 땅에서 밥벌이하는 국외동포가 700만 명에 달하는 나라의 사람들이 지닐 마음보가 아니다.

기사에 달린 댓글들을 보니 다행히 그녀에 대한 미안함이 묻어 있는 글들이 많아 마음이 따뜻해졌지만, 여전히 모진 글들도 달렸다. 외국인, 특히 이주노동자에 대한 노골적 적의를 드러내며 인터넷을 도배하고 다니는 이들이다. 외국인 노동자들이 우리의 일감을 빼앗아 실업자가 늘고 있으며 그들이 이 나라의 재화를 빼돌려 경제가 어려워진다는 주장이다. 거기다 더해 외국인 강간범들에게 우리 딸들이 희생되고 있고 외국인 노동자가 많은 어느 도시는 여자들이 무서워 밤길을 다니지 못한다며 적개심을 부추긴다.

외국인 노동자가 120만이 훌쩍 넘고 결혼 이민자 또한 점차 늘어가고 있다. 그들은 우리의 필요에 의해 들어온 사람들이다. 우리가 꺼리는 더럽고 위험하고 힘든 일을 낮은 임금을 받고 대신하는 사람들이고 우리의 아낙이 된 사람들이다. 해코지하는 걸로 따지자면 이 땅의 남정네가 이주 여성에게 저지르는 패악이 만만찮음은 알려진 사실 아니던가.

찾아보니 개망초의 영어 이름이 Daisy Fleabane이다. 데이지의 친척뻘이라는 것이다. '이다 도시'와 '로버트 할리' 그리고 이주민지원센터 앞에서 버스를 기다리던 아낙의 얼굴이 겹쳐지며 쓴 입맛을 다신다.

2011/10

진주 사람들에게도 위로가 필요하다

"IT 도시 진주에 왔습니다." '나꼼수' 팀의 진주 공연을 여는 무대에서 진행자인 탁현민의 첫마디였다. 표정 갖추기 난감한 조크다. 씁쓸했다. '진주'라는 도시에 등 붙이고 사는 사람들 대개가 그랬을 것이다. 서울시장을 뽑는 선거 당일 선관위 홈페이지를 마비시킨 진주 청년들의 '높은 기술력과 굳건한 담력'을 빗댄 농담이었지만, 선거의 실행을 맡은 국가 기관을 공격하여 결과를 조작하려고 시도한 동향 청년들의 너무도 엄청난 도발에 모두 아연해 있던 차였다. 신문 방송은 말할 것도 없고 인터넷을 열면 이 지역 출신 국회의원의 보좌관과 그 일원들의 소행이 끊임없이 회자해, 깨끗하고 단정한 도시 '진주'의 이미지는 졸지에 몹쓸 동네로 전락하여 국민적 조롱거리가 되었기 때문이다.

도덕성을 입에 달고 법치를 부르대며 소시민의 목을 죄더니 그건 자신의 결핍과 허물을 가리기 위한 안쓰러운 몸짓이었던가. 이명박 정권 임기가 아직 1년이 더 남았지만 자고 나면 터지는 사건마다 그 중량이 워낙 만만찮아 선관위 홈피 공격사건은 수면에 올랐다 가라앉았다 한다. 하지만 사안의 중함이 이만한 일이 있을까. 절대 흘려넘겨선 아니 되겠기에 복기해본다.

1. 출근길에 투표하러 나선 직장인들이 종래의 투표소에 가니 투표소가 변경되었다. 2. 바뀐 투표소를 알아보려 모바일로 선관위에 접속을 시도했으나 오전 6시경부터 8시까지 선관위 홈페이지의 '내 투표지 찾기'의 접속이 이루어지지 않았다. 3. 투표소를 찾다 출근 시간에 쫓겨 투표를 포기한다.

알다시피 서울시장 선거는 막바지로 갈수록 박빙의 형세였다. 승패의 가늠자는 청년과 노인으로 나누어진 투표층의 대결이었고 관건은 층위의 투표율이었다. 그러기에 선관위 홈피 공격은 목적 의도에 충실한 기도였고 적확한 목표였다.

붙잡아 조사를 벌여온 경찰의 수사 결과에 의하면 한나라당 국회의원의 운전사가 나경원의 당선과 자신의 주군인 국회의원 최구식의 정치적 입지를 강화시키기 위해 젊은층의 투표 참여를 저지하기 위한 수단으로 선관위 홈피를 "때리뻤다"고 했다. 거기까지는 부합하는 동기라 고개가 주억거려진다. 하지만, 27세의 의원 비서가 홀로 고심하다가 술김에 결행한 우발적 단독 범행이란 소리에 이르러서는 진주말로 '섭천 소가 웃을' 농담처럼 들린다. 수사의 단계가 더 남았으니 지켜볼 일이지만 어릿한 무지렁이의 식견으로도 그 거사결행에 반드시 전제되어야 하는 것은 '투표소의 이전'인데 투표소의 위치가 바뀐 곳이 총 투표소의 25.8%로 572개소란다. 느닷없이 투표소를 옮긴 것도 왼고개가 처지지만, 그 수효 또한 이해키 어렵다.

선거 결과를 조작하려는 시도가 있었음은 그 청년이 시인한 바라고 하지만 그런 엄청난 일이 출세욕에 눈먼 몇몇 젊은이들이 기획하고 실행했으리라 믿어지지는 않는다. 어이없게도 정권은 이 일을 세상에 까발린 쪽에 책임을 묻는 방향에 해법을 두나 보다. SNS 규제가 그것이다. 계정폐쇄를 최종 목표로 한 방통위의 규제법은 아무리 그럴듯한 말로 손사래 쳐도 눈엣가시 같은 '나는 꼼수다'를 조지고 싶은 속내가 읽힌다. 무망한 일임을 깨닫지 못하는 그들의 어리석음에 연민이 느껴질 뿐이다.

산 하나 넘고 골짝 하나 비껴질 때마다 조금씩 달라지는 말 부림과 어조의 야릿한 변화가 사투리의 본색이다. 그 비서라는 청년이 뱉었다는 "때리삐까에"라는 영락없는 동향인의 묵은 냄새가 밴 어투를 보면서 가슴이 아릿했다. 몰상식의 극치를 달리는 이 시절을 견디는 99%의 대중도 그렇지만 이 어처구니없는 사태를 맞은 진주 사람들에게도 위로가 필요하다. 투표, 꼭 해야 하고 제대로 해야 한다는 교훈, 가슴에 담았을 것이다.

2011/12

가장 나쁜 뉴스는 '침묵'이다

MBC 기자들이 "잠시 밥그릇을 포기하겠다"며 수첩과 카메라를 내려놓고 머리띠를 둘렀다. 중뿔나게 나서 설치다간 모난 돌이 정 맞는다고 밥줄 보전이 어려울 터라 숨죽이고 있었다는 뼈아픈 고백이다. 하긴 제왕이 된 사주의 손아귀에 틀어 쥐인 조중동 기자들이야 진즉 언론 구실 내다버린 월급쟁이들이지만, 명색이 국민 세금을 쏟아 만드는 공영방송의 보도를 맡은 이들이다. 최소한의 자존심도 지키지 못하는 작금의 상황이 더는 참기 어려웠다는 속내를 토로한 셈이다.

몇 년 사이 이 나라 방송은 또다시 80년대의 '땡전'으로 돌아간 모양새였다. 그나마 그중 봐줄 만했던 MBC조차 정권의 완장을 얻어 찬 이들이 요직을 꿰찬 후부터 막장으로 내달았다. 감시와 고발이라는 본분은 쥐가 물어가고 방관과 찬양 일색의 나발만 요란했다. 이를테면 이명박 대통령 내곡동 사저 논란이나 김문수 경기도지사 119 전화 논란과 같이 권력에 민감하고 불리한 기사들은 잇따라 축소, 누락시키는가 하면 반값 등록금, 한미 FTA, 10·26 재보궐선거 같은 첨예한 사안에 대해서는 균형을 현저하게 잃은 불공정 보도로 일관하며 현실을 오도했다.

급기야 집회나 시위 현장에서 로고가 찍힌 카메라를 향해 "MBC는 물러가라!"라는 종주먹을 받을 지경에 이르렀으니 기자 명색의 자존심이 남아있는 한 그 수모를 견디긴 어려웠을 것이다. "제대로 할 말하지 못하고 침묵했던 과거를 처절하게 반성하는 계기로 삼고자 한다"는 성명서에 처연함이 묻어난다.

거꾸로, 자칭 '잡놈들'이라 일컫는 사내 넷이 허름한 지하녹음실에 앉아 중구난방으로 떠드는 소리에 온 나라가 귀를 기울이는 희한한 일이 몇 개월째 이어지고 있다. 낄낄거리며 희떠운 농지거리를 하는가 하면 낭자하게 욕말도 서슴지 않는 이 사내들이 쏟아내는 말들이 귀 있는 자의 마음을 사로잡음은 물론 이 나라의 정치지형조차 뒤흔들었다. 그도 그럴 수밖에 없는 것이 제도 언론이 밥그릇에 매달려 남의 다리나 긁고 있는 사이에 이들은 놓쳐서 안 될 주요 사안의 특종을 도맡아 하는 진풍경을 보인 까닭이다.

지금 한창 'CNK'라는 요상하고 헷갈리는 부호로 지면을 달구고 있는 '카메룬 다이아몬드 사기사건'은 이미 지난 8월에 '나꼼수'가 이른바 자원외교라는 것이 낳은 의혹과 그 배경에 대해 신랄하게 짚은 터이다. 이뿐만 아니라 그 누구도 문제 삼지 않았던 '도곡동 땅'에 얽힌 수상한 짓이나 사이버 테러로 부정선거를 획책한 선관위 홈페이지 공격사건의 보도 선두에도 '나꼼수'가 있었다. 그들이 터뜨리면 마지못해 제도 언론이 뒷북을 치며 따라가는 해괴한 언론행렬이 이어지니 청년들이 열광하며 나꼼수를 부르짖는 것이다.

조중동과 한나라당이 음모론을 확산시키는 괴담의 진원지로 지목하며 나꼼수를 물어뜯는 와중에 전국의 131개 신문, 잡지, 방송사가 소속된 언론노조에서 심사위원 만장일치로 '민주언론상'을 그들에게 안거주었다. 그것은 진실이 어느 쪽에 있는지를 보여준 역사적 사건이다.

그동안 보여준 교묘한 조작놀음이 징그러워 까마귀 활본 듯하던 〈뉴스데스크〉에 모처럼 채널을 맞췄더니 남자 앵커 혼자만 앉아 몇 꼭지 소식을 주절거리다 금방 광고를 쏟아낸다. 영문도 모르고 TV 앞에 앉았던 이들은 꽤나 황당했으리라 싶다. 소식이 어째 그리 단출한지 내용은 어인 일로 그리 부실한지에 대해 그 남정네는 한마디 언급조차 없었다.

하지만, 인터넷 MBC의 뉴스 게시판에 오른 글들은 허접한 뉴스보도에 대한 불만은커녕 격려 일색이다. 뒤늦게나마 본분을 지키기 위해 몸부림치는 그들에게 보내는 갈채인 것이다. 불과 몇 년의 한시적 권세에 빌붙어 방송을 말아먹은 이들의 이름, 반드시 기억해야 한다.

2012/1

오른손과 왼손

오른손은 거침없고 능란한 데 비해 왼손은 어둔하고 서투르다. 제때 착착 아귀를 맞추지 못하는 왼손의 어리숙함은 때맞춰 기발하게 생산되는 '검새스럽다', '놈현스럽다', '명박스럽다'라는 식의 시사적 표현대로 하자면 '왼쪽스럽다'라고나 해야 할까? 물론, 왼손을 주로 사용하는 이들을 낮추어 말하려 함은 아니다. 대칭으로 짝지은 다른 신체기관과는 달리 손만 그리 차별 지어 만든 까닭은 어떤 정치적 발로인지 궁금해 부리는 몽니다.

'우파적 인간으로 불리는 보수주의자는 전통적 가치를 신봉하며 혼란을 선동하는 자들에 대항하여 그 가치를 수호하려 하고, 좌파적 인간은 발전을 신봉하며 부당하다고 생각하는 기존질서에 대항하여 발전을 촉진하려 한다'라는 것이 흔히 말하는 좌우가 가진 이념적 성향에 대한 해석이다.

이번 선거에서 부딪친 양대 세력에 대해 위의 사전적 가닥을 적용함이 타당할지는 제쳐놓고 치러진 과정을 복기해 보노라면 능란한 오른손과 서투른 왼손의 한판 싸움을 본 듯하다.

오른손은, 오물을 뒤집어쓰고 너덜거리는 한나라당이란 간판을 '새 누리'라는 이름으로 바꾸고 27세 청년과 72세 노년을 아우르는 '비상대책위원회'라는 세탁기에다 넣어 쉼 없이 터지는 이명박 정부의 더러운 것을 표백해 내는 솜씨가 가히 탁월했다. 문제가 되는 공천 신청자는 단칼에 잘라내는 과단성을 보였고 잠재적 대권 주자 대항마로 27세 앳된 처자를 내세워 이기면 대박이고 져도 그만인 구도로 만들었다. 주효했다. 악바리같이 덤벼드는 '이영표'에 꽁꽁 묶여 환장하던 '피구'처럼 야당 대권 주자를 전국적 지원은커녕 제 동네도 함부로 떠나지 못하도록 꼼짝없이 묶어 두었다.

왼손은, 선배 야당 명색이 여태껏 버텨온 역사책 뚜껑도 열어보지 못한 본새로 술에 술 탄 듯 물에 물 탄 듯, 싸워야 할 때 아금받게 덤벼들지도 못하고, 물러설 때 과감하게 빠지지 못한 채 눈치만 흘금거리다 날이 샜다. 부패한데다 '민주'라는 개념조차 있을까 싶은 정권이 쉼 없이 생산하는 갖은 어이없는 사건들을 준엄하게 가닥 잡아 정리하기는커녕 입에 넣고 우물거리다 되레 역공을 당하는 어처구니없는 모습을 보였다.

하지만 간과하지 말아야 할 것이 있다. 오른손의 능란함을 유능함으로, 왼손의 어둔함을 무능함으로 증폭시켜 부각한 결정적 공신의 역할을 짚어야 이번 싸움을 그나마 제대로 가늠할 수 있으리라 보는 것이다.

선거 기간 내내 나라 방송 보도행태는 교묘했다. 각 당 유세 현장을 비추는 기교는 마치 〈트루먼 쇼〉를 보는 듯 섬세한 장치가 엿보였다. 양측을 비추는 시간은 양적 균형을 맞춘 듯하지만 내용이나 방식은 유권자를 향한 소구력의 편차가 여실히 드러나는 보도였다. 와글거리는 새누리당과 썰렁한 민주당, 열렬한 환영인파에 연신 웃으며 악수하는 박근혜와 혼자 걸어가거나 항상 회의 중인 굳은 얼굴의 한명숙. 카메라가 잡는 위치나 각도에 따라 대상의 부각도가 확연히 증감되는 예를 전문적 시각으로 분석한 파업 중인 MBC 카메라 기자의 글에 고개가 주억거려진다.

MBC, KBS, YTN, 연합뉴스가 파업 중이다. 임금인상이나 노동자 권리 향상에 초점을 맞춘 파업이 아니다. 보도의 공정성에 문제를 제기하며 길바닥에 나앉은 그들의 주장이 옳았음을 방증한 것이 이번 선거였다. 공격의 선봉에서 왼손을 물어뜯었던 조중동의 들뜬 기색이 역력하다. 그들은 역시 이기는 방법을 아는 능란한 오른손이다. 이제 유리한 판세를 닭짓으로 망가뜨린 왼손을 꾸짖는 한편 부릅뜨고 지켜봐야 할 것은 언론이다. 대선에서도 이 야바위판을 방치한다면 도리 없이 이 땅의 백성들 욕 좀 볼 것이다.

2012/4

강기갑 비대위를 주목한다

남자는 결혼 경력이 없다. 스물다섯에 연상의 여인과 만나 연인관계를 맺어 아이 넷을 두도록 살다가 쉰셋에 그녀와 결별하고 10년 연하의 이혼녀와 동거에 들어갔다. 여자는 두 번의 이혼 경력이 있다. 장애가 있는 아버지와 스케이트장 매표원인 엄마 사이에서 태어나 정치부 기자로 일하면서 아이 셋을 낳은 남편과 이혼 후 새로운 남자와 동거 중이다.

남자는 대통령에 당선되었다. 여자는 동거하는 남친이 대통령이 되었음에도 "세 명의 자식을 부양하려면 돈이 필요하지만, 국가의 돈으로 살고 싶지 않으므로 다니던 직장을 포기하지 않을 것이다"라고 말한다. 미테랑 이후 17년간 우파에게 정권을 내줬다가 이번 대선에 좌파의 수장으로서 프랑스 대통령이 된 남자 '프랑수아 올랑드'와 그의 여자 '발레리 트리어벨레'의 이야기다.

대통령 명색이 법적으로는 총각이므로 이 동거 남녀가 국민의 대표로 번듯하게 나서려면 결혼시켜야 하지 않으냐는 논란이 있다는 외신에 히죽 웃음이 인다. 우리 같으면 그 위인이 제아무리 똑소리 나는 재주가 있다 한들 환갑 나이 되도록 제대로 된 장가 한번 못 든,

이른바 '수신제가'도 못하는 날건달을 '치국'까지나 하게 시켰을까. 거기다 퍼스트레이디 깜이 아이 셋 딸린 이혼녀라니.

하지만, 프랑스 국민은 돈 많은 사람과 힘센 자들의 편에 서서 미국식 경쟁과 효율, 복지 축소와 규제 철폐를 주요 정책으로 밀어붙였던 사르코지에 맞서 부자들에게 고율의 법인세와 재산세를 부과하고 청년과 노인 고용 기업에 정부 보조금을 지급하겠다는 공약을 내건 좌파 사회당 후보 올랑드의 손을 들어주었다.

우리의 좌파 통합진보당 내홍이 점입가경이다. 대선을 앞둔 진용 짜기에 분주한 새누리당이나 민주당 움직임 따위나 대통령 측근들의 악취 나는 비리도, 민생이고 나발이고 모두 이 잘난 '진보'들의 황당한 짓거리에 빨려들어가 연일 뉴스 헤드라인을 통합진보당이 전세내고 있다. 입에 진보를 달고 있는 정당에서 비례대표를 뽑는 절차에 부정이 있었다는 것 자체만으로 엄청난 충격이다. '현실적으로는 쥐뿔만큼도 세상을 바꾸는 데 역할 하지 못하면서 마치 세상의 모든 도덕적 가치를 선점한 듯 으스대면서 한 줌도 안 되는 지들끼리 노상 지지고 볶고 지랄한다'라고 모눈을 뜨고 투덜댔지만 내심 그래도 '장차 그들이 주창하는 세상이 와야 한다'라고 생각한지라 정당투표 붓두껍은 항상 그리로 갔던 터수였다.

보수 신문과 방송이 잘코사니 하면서 나발을 불고 이정희가 상갓집 여인 같은 자세로 사과성명을 내던 초기만 해도 그 지경을 자초한 그들에 대한 분노보다 오히려 황망한 연민이 따르는 고통이 있었다. 하지만, 100% 완벽한 선거는 없다느니 하는 궤변에 이은 중앙위

난장판을 보면서는 치솟는 분노를 참을 수 없다. 색안경에 성조기를 들고 쌍욕을 입에 달고 종주먹을 내지르는 '할배'들보다 중앙위원회라는 공식 의결 장에서 선창에 따른 복창구호를 우렁차게 내뱉으며 단상에 뛰어올라 폭력을 서슴지 않는 이른바 좌파 청년들의 '꼴통' 짓에 더 깊은 절망을 느꼈다.

나는 아직도 그들이 왜 그런 어이없는 짓을 벌이는지 그 원인을 명확히 알 수 없다. 엄연히 드러난 선거부정이란 '사실'을 모르쇠로 제쳐놓고 벌이는 그들의 행태를 보며 권력을 향한 주도권 다툼에 눈이 멀어 그들이 부르대던 민중 따위는 안중에 없는 것이 아닌가 하는 생각으로 깊은 좌절을 느낀다.

소주잔을 앞에 두고 "그들에게 보내던 지지를 철회한다"는 분노에 찬 소리가 여기저기서 들린다. 그 결연한 고함 속에 묻어있는 애증의 심사를 그들은 읽을 수 있을까? 낮은 자들의 삶을 어루만지고 그들과 함께 풍찬노숙하며 거악과 맞서왔던 앞선 이들의 고초가 이제 싹을 틔우려는 참에 일어난 이번의 일이 진보 진영의 진화 전기가 될 수 있을까? 강기갑 비대위를 주목한다.

2012/5

김두관 지사의 출마를 반대한다

"비과학적이고 외람되지만 느낌이 나쁘지 않다. 한번 멋지게 싸우고 싶다." 김두관 지사가 중국 출장에서 대선 출마를 묻는 기자들에게 했다는 말이다. 2년 전 지사 당선 후 차기 대권 도전 의사를 묻는 물음에 "임기를 채울 것이다"라고 답변한 후 시간이 흐르며 긴가민가를 오가다 드디어 출마선언 자세를 한껏 잡은 본새다. 오늘까지 진전된 사태로 보건대 이제 곧 지사직을 초개같이 던지고 대권을 향해 달릴 것으로 보인다.

그런데 왜 이리 가슴이 답답한가. 김두관이란 사람의 인물됨에 시비를 걸고픈 생각은 없다. 그는 남해사람이다. 지금은 삼천포와 하동에 걸친 번듯한 다리로 뭍에 이르는 길이 일같잖지만 예전엔 노량에서 세찬 물길을 건너거나 노산공원 밑에서 통통배로 창선에 닿아야 읍내로 들어갈 수 있었다. 바람 많은 유배지 남해의 평범한 청년이던 그의 정치 입신은 박수받아 마땅한 과정이 있었다.

이장에서 군수에 이르면서 그가 보인 올곧은 생각과 실천 있는 역량은 지방자치 초기 모범적 전형으로 깊은 인상을 주었다. 관사를 철거하고 민원인 쉼터를 만들어 군민에게 돌려준 그의 낡은 본가를 찾

야간 방송 카메라에 잡힌 그를 아직도 기억한다. 민소매 차림에 글러브를 끼고 샌드백을 치는 그를 보며 여태껏 보아왔던 전형적 벼슬아치 모습이 사라지는 상쾌함을 느꼈다. 혁파가 쉽지 않은 시골 소읍 묵은 연고와 오랜 관행의 고리를 끊는 그의 우직함은 기립박수를 받아 마땅했다.

선거 때마다 서슴없이 그를 찍었다. 훌륭한 정치인의 탄생은 개인적 성공이라기보다 공동체의 합의와 조력으로라야 이루어질 수 있는 시민운동의 영역이라 보았기 때문이다. 개천에서도 용이 나오는 세상이라야 아이들이 꿈을 꿀 수 있지 않겠는가.

요새 아이들은 실속이 있어선지 되바라져 그런지 꿈을 묻노라면 연예인이나 운동선수가 대종을 이룬다. 그것도 구체적으로 백댄서, 프로게이머, 골퍼에다 나아가 안정적 직업인 공무원을 든다는 소릴 듣고 격세지감을 느낀다. 예전엔 아이들의 꿈은 대개 대통령이거나 장군 혹은 과학자였다. 세상살이의 만만찮음을 체득한 어른 명색들은 언감생심 자신들에겐 안드로메다쯤이나 멀리 있는 그 벼슬들을 일같잖게 부르는 꼬맹이의 허언을 들으며 도달 가능 여부는 나중에 셈하더라도 우선 옹골진 포부에 흐뭇하여 머리를 쓰다듬어 주곤 했다.

이른바 포부의 레벨이 다른 것이다. 개인적 안락과 공익에의 헌신쯤으로 나눈다면 좀 과한가? 투표로 선출직 벼슬 맛을 본 사람들의 궁극적 목표는 '대통령이 되는 것'이란다. 그 웅장한 목표를 향해 달리는 김두관 개인의 질주야 나무랄 일도 아니거니와 배 아파할 이유도 없다. 그이 정도라면 훌륭한 '깜'이니 말이다.

그럼에도, 나는 그의 대선 출마를 반대한다. 노태우가 가운데 서고 김영삼과 김종필이 좌우에 선 '3당 합당'이란 것은 난데없는 사통이었다. 그것은 지역주의의 고착화였고 이후 경남은 퍼런 깃발만 꽂으면 그네들 부패세력의 영토가 되는 어처구니없는 땅이었다. 두 해 전 그가 도지사가 되었음은 시대 여망과 열망이 담긴 것이었다. 김두관 개인이 지사에 당선된 것이라기보다 시대정신이 그를 지사에 임명한 것으로 생각한다.

김두관의 지사직 사퇴는 그가 꾸는 용꿈의 발판이 될 수는 있을지언정 도정의 개혁적 운영과 협치를 기대했던 지지자들에 대한 응답은 아니다. 더구나 지난 총선이 보여주듯 사퇴 후 치러질 보궐선거 결과는 불 보듯 뻔하다. 대선은 차치하더라도 민주당 경선에서 후보가 못 된다면 이것은 개인의 문제가 아니다. 남해대교를 지날 때면 그 육중한 몸에 밧줄을 걸고 대교에서 번지점프를 하던 군수 김두관을 생각한다. 부디 임기를 다해 도민에게 헌신하고 힘 모아 정권을 바꾼 후 차기를 엿봄이 어떤가? 비과학적이고 외람되지만 느낌이 나쁘다. 용단을 고대한다.

2012/6

진주시의 '무장애 도시' 선언을 보며

석가모니 부처님 아들의 이름이 '라후라'라 했는데 그 뜻이 '장애'라 하였다. 기릴 것 없는 왕자의 몸으로 태어나 '고통의 바다를 헤엄치다 죽음을 맞는 인생사'의 근원에 의문을 품고 맨몸으로 광야에 나가 고행 끝에 마침내 생로병사의 본색을 깨달은 사나이치고는 참으로 치졸하고 아버지답지 못한 작명이다. 인류를 구제하는 성취에 방해되는 '애물단지'라 붙인 그 아들은 그럼 도대체 뭐란 말인가.

그 밑의 새까만 제자인 비구 '성철'은 딸이 하나 있는데 그이 이름은 '불필'이라 했다. 이런 무책임한 사나이 같으느라고. 세상 구제도 한 생명의 영혼에서 시작될진대 그리 불릴 딸의 입장을 눈곱만치라도 생각했다면 이럴 수가 있는가?

스무 살 무렵. 불경은 어디에도 인용되는 스테디셀러이니 일단 독파(!)하자며 벼락공부에 밑줄 치듯 마구잡이로 읽어대던 시절 품었던 지극히 불경스런 생각이었다.

무식하니 용감하다 했듯이 성경이라고 비켜가지는 않았다. 잘 삐치고 질투심 많은 군신 '여호와'가 마땅치 않던 중 〈레위기 21장〉에 가서는 그만 열불이 터졌다. 사람을 고루 대하는 평등심이라곤 빈대코만큼도 없는 것을 정책이라고 늘어놓으며 근엄을 떠는 밴댕이 속에 질렸던 것이다. 치기 어린 천둥벌거숭이 시절이었으니 딴엔 대거리가 자못 심각했었다. 시방인들 무에 온전히 철이 들었겠냐만.

'장애'와 장애인을 바라보는 우리 사회의 시각은 좀 나아졌다 해도 예나 지금이나 별반 차이가 없다. 사람 대하는 태도에 비추어 문명사를 보면 '야만사'에 다름 아니지만, 장애인을 대하는 사회적 태도가 조금이라도 변한 것은 큰 전쟁을 겪고 난 20세기에 이르러서인 것 같다. 금이야 옥이야 길러 조국의 부름을 받아 내어놓은 자식이 몸이 상해 돌아오니 죽지 않은 걸 다행으로 여길지언정 구박할 수 없는 일 아니던가. 그들도 도리 없이 장애인의 범주에 속하게 되니 비로소 '정책'이란 것이 생긴 것이다.

하지만, 그건 서양의 이야기일 뿐이다. 우리 역시 모진 전쟁을 겪었고 수많은 전상자가 생겼지만, 입에 풀칠하는 데 급급했지 그들을 품어 안을 너름새는 없었다. '상이용사'라 불리던 그들을 비롯한 장애를 겪는 사람들은 '불구자'란 모욕적 칭호를 들으며 사회적 '애물단지'로 방치된 세월을 살았다.

밥 먹고 살기가 좀 나아지고 부도덕한 정권의 연장을 위한 방편으로 지구촌에 명함을 낸 것이 88올림픽이다. 하계올림픽을 유치한 나라에서 곧이어 장애인 올림픽을 치러야 하는 옵션을 받아들인 정부가 울며 겨자 먹기로 시작한 것을 우리 정책의 시작으로 보는 것이 대체로 맞을 것이다. 세계의 장애인들이 '선수'가 되어 몰려오는데 그들이 용이하게 탈것도, 잘 곳도, 쉴 곳도, 즐길 곳도 없는 것이 이 나라 실정임을 둘러보게 된 것이다. 흉내를 내다만 편의시설이 도처에 생겼지만, 휠체어가 접근할 수 없는 길, 노란 유도 블록을 따라가면 낭패 보기 십상인 인도가 생산되었을 뿐이다. 이동권 보장을 외치는 장애인을 보는 세상의 시각에는 '앵벌이'를 보는 냉랭함이 있을 뿐이었다.

진주시가 앞으로 추진할 주요 정책의 한 축으로 '무장애 도시'로의 지향을 선언했다. 이례적으로 시장이 직접 나서 이 일의 차질 없는 추진을 공언했다. 변방에서 듣는 모처럼의 청량한 소리다. 지방정부가 소수자의 문제에 자발적 의지를 품고 계획적이고 지속적으로 추진하는 경우를 본 적이 없기 때문이다. 편의증진에 관한 법이 생겨 관공서나 대형 건물, 고속도로 휴게소 등의 출입은 원활해졌다 하나 장애인이나 늘어나는 노인의 발걸음은 여전히 묶여 있다. 구색으로 만든 법의 한계다. 진주시가 도모하는 이 장한 발심이야말로 실행을 통한 진정성을 보인다면 의외로 많은 지지를 얻을 것이다. '평등한 길'은 돈의 문제도 아니고 '진영'의 문제 또한 아니다. 그것은 '생각'의 문제이기 때문이다. 기대하고 지켜볼 것이다.

2012/8

슈스케

하사와 상병 계급장을 단 풋풋한 청춘남녀가 마주 서 그윽이 눈을
맞추며 부르던 노래를 마치자 심사위원 명색들이 심사평은 뒷전이
고 "사귀는 사이냐?"고 물어대는데 둘은 동시에 "아니오!"를 외친다.
군복 일색의 청중들은 연병장이 떠나라 환호한다.

대선 후보경선이 궁금해 채널을 돌리다 〈슈퍼스타 K〉 군부대 오디
션을 보았다. 엄마의 암 발병 사실을 뒤로한 채 입대한 스무 살짜리
의 사연을 듣곤 두루마리 몇 겹을 축내며 눈을 맞추다 초가을 일요
일 낮을 온통 '슈스케'에 내줬다. 중간에 광고도 솔찬히 하곤 했지만,
뉴스 따위(!)도 잊은 채 이른바 '몰입'을 한 것이다.

그 프로 시작한 지가 언젠데 자다가 남의 다리 긁는 소리냐고 하겠
지만 이리 재미진 구경인지 몰랐다. 세 발 떼면 노래방인 환경의 나
라에 사노라니 전 국민이 '가수화' 하여 노래 못 부르는 사람 찾기가
귀해진 세상이긴 하지만 출연자들의 노래 솜씨는 입이 다물어지지
않을 지경이었다. 간간이 보여주는 탈락자의 실력이 합격자와의 편
차가 느껴지긴 했지만 그럼에도 기죽지 않고 자신의 '정체'를 드러내
는 당당함은 노래 실력과는 별개의 아름다움으로 느껴졌다.

팔순 이전에 자기 존재감을 알리겠다며 서태지의 랩을 부르는 일흔 아홉의 래퍼, 여자들에게 관심 받고 싶은 열정을 음악에 쏟았다는 뚱보 청년이 배에 걸쳐진 기타로 '로망스'를 반주하며 애모하는 처녀에게 보내는 영상편지, 휠체어를 밀고 끌며 멋진 화음을 보여준 세 청년, 놀라운 피아노 실력으로 레이 찰스의 노래를 소화하는 15세 소년, 키가 작다고 만만하게 보는 시선이 싫어 열심히 매달렸노라는 제주도 소년의 범상찮은 연주력, 눈을 떼기 어려운 볼거리였다.

연예기획사에서 될성부른 아이들을 짝지어 몇 해 동안 공들여 훈련을 거듭해 '맞춤 가수'를 만들고 그 아이들이 '아이돌'이 되는 시절이 한동안 지속되었다. 관리자들의 치밀한 기획이 빛을 발해 마침내 그들은 안방 시장뿐 아니라 해외시장도 넘보는 성과를 거두었다. 덕분에 이 나라 대중음악은 열광수요층이 많은 10대의 환호에 빨려 들어가 버렸다. 지망생은 넘치나 제도편입은 하늘의 별 따기일 것은 뻔하다.

〈슈스케〉는 경연을 통해 '끼' 있는 원석을 발굴하여 양껏 밀어주겠다는 프로다. 당연히 숨은 고수들이 구름같이 몰렸고 깎은 듯한 서구형 얼굴과 '쭉쭉빵빵'의 몸매가 아닌 작달막한 키에 한반도형 얼굴로도 실력만 있으면 '스타'가 될 수 있다는 꿈을 품게 하였다.

방송이란 것이 본래 광고를 팔아 연명할 수밖에 없는 물건이니 제작진의 고민은 응당 시청률일 수밖에 없을 것이니 재미를 더하느라 누선을 건드리려는 낯간지러운 '연출'의 시도는 어쩌면 당연하다. 한데 오늘은 그리 밉지가 않다.

노래하는 모습을 제일 좋아라 하는 아들을 위해 부르는 아버지의 노래는 나를 울렸다. 자폐를 앓는 아들은 아버지의 얼굴이 나오는 대기실 스크린을 연신 쓰다듬고 있었다. 영화 〈아이엠 샘〉에서 보인 장면의 연출 없는 재현이다. 묻어서 강용석까지 나왔다. 말실수로 의원직을 잃게 된 그가 자신을 방어하기 위해 제 전공인 그 잘난 '법'으로 닥치는 대로 애먼 사람들을 엮어나갈 때는 그 얼굴 보는 것이 역겨웠는데 그 역시 자식 앞에선 무장이 해제되는 아비이자 생활인임을 보고 그에 대한 혐오가 반쯤은 풀렸다.

무엇을 했을 때 자신이 행복한지를 알고 그걸 향해 직선으로 달리는 사람들의 모습은 '꼰대'로 굳어져 가는 오후를 촉촉하게 해주었다. 놓친 뉴스를 꺼내본 저녁은 한심하다. 대통령이 되겠다는 이들의 독선과 아집에다 성폭행을 버무린 경연 같다. 실력, 재미, 감동이 있는 정치를 상상함은 역시 무망한 꿈인 듯하다. 슈스케 후유증인가?

2012/9

단일화, 슬기롭게 하라!

"그들의 꼼수를 배울 때도 되지 않았나. 더 야비하지만, 더 강하잖아. 우리보다 훨씬 단련됐다. 고상한 척하는 진보인사 아주 지긋지긋해. 이기려면 진흙탕에 빠져서 보수와 제대로 싸워야 해."

미국 대선의 이면을 다룬 영화 〈킹메이커〉에 나오는 대사 중 한 구절이다. 영화는 권모와 술수가 판치는 미국 선거판의 이면을 다룬 것이지만 저 구절이 귀에 꽂히는 건 당장 예다 갖다 써도 무리가 없는 말이기에 그럴 것이다.

가을 산하가 무르익듯이 초겨울에 펼쳐질 대선을 향한 레이스도 불이 붙어 갖은 데시벨의 소리가 난무한다. 어제오늘 도배를 하는 것은 NLL북방한계선이다. 어째 잠잠한가 했더니 아니나 다를까 드디어 북풍이 부는 것이다. 안보불안을 불러일으켜 대결적 현상을 유지하는 쪽으로 표를 몰고자 하는 고전적 수법이다.

군사정권의 메인 메뉴였고 때마다 약간의 조리법만 바꾸면 무리 없이 젓가락이 가는 회심의 메뉴였다. 선현의 손맛이 진하게 밴 이 비법을 쓰고 싶은 것은 그들에겐 치명적 유혹인가 보다.

이번엔 비운의 망자가 된 전직을 끌어들였고 같이 얽어 겨눈 이는 문제인이다. 노무현이 북쪽에다 '퍼주기'만 한 것이 아니라 남북 정상회담에서 서해 물길까지 고스란히 바치겠다는 약속을 김정일에게 했다는 것이 요지다. 근거는 비밀문건의 존재이고 그걸 규명하고 치죄하기 위해 국정조사를 하자는 주장이다.

코웃음을 참고 그들의 조리법을 존중해준다 하더라도 이번 것은 좀 소구력이 떨어지는 것 같다. NLL의 설정 배경에 관한 이야기는 차치하고, 〈10·4 선언〉에 명시된 "남과 북은 서해에서의 우발적 충돌방지를 위해 공동어로 수역을 지정하고 이 수역을 평화 수역으로 만들기 위한 방안과 각종 협력사업에 대한 군사적 보장조치 문제 등…"의 합의도 들먹일 건 없을 것 같다. 저들이 원하는 것은 그것의 옳고 그름이 아니고 '논란의 야기'이기 때문이다.

하지만, 새 머리에서 나온 듯한 그 북풍 전략이 황당한 것은, 만에 하나 그 문건이 있었다 할지라도 정상 간 회담 내용은 15~30년간 공개하지 않는 '1급 비밀'로 지정돼 장관급 이상 극소수에게만 접근 및 열람이 가능한 것으로 알려져 있다. 그런데 정문헌이란 자는 무슨 자격으로 볼 수 있었으며, 국회가 재적의원 3분의 2 이상의 찬성이 있으면 열람이 가능하다 하나 지금 의석 구조상 불가능한 것을 국정조사로 끌고 가자 주장하는 것은 결과를 얻고자 하는 것이 아님이 빤히 드러나기 때문이다. '북쪽 바람'에 대한 애절한 간구가 보여 안쓰러울 따름이다.

대선 행로의 중간지점 가늠자로 추석 민심의 향배를 빨아들이려는 박근혜 측의 '과거사 사과'에도 양자대결에서의 지지율 격차는 줄어지기는커녕 벌어지는 형국이 지속된다.

방송 신문이 애처로울 정도로 안간힘을 쓰며 노골적 편들기에 여념이 없음에도 그런 추이를 보이는 것은 트위터, 페이스북, 팟캐스트 등으로 다양화한 미디어의 탓도 있겠지만 새로운 인물에 대한 애타는 기대 때문이 아닌가 한다.

세끼 밥 먹기가 고달픈 이들에겐 신기루 같은 상상 밖의 숫자인 '조' 단위의 돈을 강바닥에 들이붓고 한 줌도 안 되는 부자들 배불리는 정책으로 서민을 절망케 만든 이 황당한 정권이 막판에 낳은 것이 전혀 뜻밖의 '두 인물'이니 참 알다가도 모를 것이 세상일인가 보다. 그들에 대한 공격의 열쉿말로 '권력의지'나 '정치경험'의 부재를 꼽는 것이 가소로운 것은 그 요건을 갖춘 이들의 지난날 행태를 모르쇠 하는 헛발질이기에 더욱 그렇다.

두 사람이 걸어온 길과 그들이 보인 선한 의지는 이 나라 정치 자원에서 보기 드문 인품이다. 표심 분포에 관한 갖은 분석과 셈법이 춤을 추지만 누구로 되건 그들이 '힘을 모으는 것이' 지지의 요건이라 생각된다. 빌붙어 영달을 노리는 무리의 이간을 이겨내는 슬기로움을 보여주는 것이 동시대를 어렵게 견디는 이들의 간절한 소망에 답하는 길이다.

2012/10

주인이 나설 때다

쌀 한 포대나 됨직한 모래주머니를 들고 아금받게 뛰고 있는 청장년들이 비치고 다른 한편에서는 빨리 뛰라고 독려하는 안타까운 몸짓들이 TV화면에 보인다. 청명한 가을 하늘 아래서 벌어지는 일이지만 한가로운 운동회 풍경은 아니다.

서울의 어느 구청에서 뽑는 환경미화원 후보들의 체력시험 현장을 비추는 뉴스의 한 꼭지다. 5명을 뽑는데 112명이 왔고 가방끈 길이가 상당한 사람들도 수두룩이 시험을 봤다는 뒷이야기가 뉴스의 '깜'으로 채택된 이유인 듯하다.

환경미화원 연봉이 대기업 초짜 사원에 못지않다는 '급여명세서'가 인터넷에 나돌며 이런저런 논란이 있었다. 그렇지만, 누리꾼들의 반응은 그들의 험한 근무환경이나 노고에 대한 보상치고는 과한 것이 아닐뿐더러 설사 그보다 많을지라도 그걸 문제 삼는 이들의 '사고 구조'에 문제가 있다고 보는 것이 일관된 정서인지라 보기에 훈훈했다.

옛날, 직급이 5급 갑, 을로부터 시작되던 시절 '공무원'을 바라보던 당시 청년들의 시선은 한마디로 '늘푼수 없다'며 왼고개 치던 직종이었다. 말단에 임용되어 그 까마득한 단계를 언제 올라가 이른바 '높은 사람'이 되겠느냐는 호기의 발로였다. 그런 시절을 겪은 눈으로 보기에 세상이 참 많이 변하긴 했다.

올봄에 치러진 9급 공무원 시험에 2180명을 뽑는데 무려 15만 7000여 명이 몰려 경쟁률이 72대 1이나 되었다고 한다. 일반 행정 전국 모집분야는 경쟁률이 1000대 1이었단다. 대학 4년을 졸업하고 이 시험에 몰려드는 이가 팔 할이 넘는다니 가방끈 짧은 청년들이야 꿈도 못 꿀 벼슬이 되어버린 것이 이 나라의 공무원 노릇이다.

하긴 대기업이건 소기업이건 닦달해서 부리다간 묵은 사원이 되어 행동이 굼뜨고 호봉 높아지는 기미만 보이면 가차 없는 밀어내기가 예사로 된 것이 IMF가 남기고 간 유산이다.

이 지경으로까지 이어지니 오로지 '정년이 보장되고 쉬 잘리지 않을 안전한 직장'에 목매는 젊은이들의 선택은 어쩌면 당연해 보인다.

낮살깨나 먹은 이로 그런 모습을 지켜보는 심회는 복잡하다. 덕분에 출중한 수험능력으로 무장한 지식 집단인 공무원을 통해 국가 서비스를 누리는 호사가 있긴 하겠지만, 안정적으로 '쌀'을 구하기 위해 '가늘고 길게'를 선택하는 일에 '몰빵'하는 청춘의 모습을 보는 것 또한 애 터지는 일이기에 그렇다.

"국가가 나를 위해 무엇을 해줄 것인지를 바라기에 앞서 내가 국가를 위해 무엇을 할 것인지를 생각해야 한다!"

정권에 대한 불만을 뽀로통하게라도 비칠라치면 들이미는 저 경구에 숨이 헉! 막히는 세월을 살았다. 미국은 우리의 은인이고 케네디는 훌륭한 대통령이었고 저 말은 그가 했던 연설 중의 '백미'라는 등식만으로도 압도되고 설득당할 수밖에 없는 것이 이 나라 분위기였다.

위정자들이 근엄한 목소리로 애국을 말하고는 뒤돌아 앉아 동류들과 배를 두드리는 잔치가 몇 차례 거듭되는 사이에 우리는 부자나라의 가난한 국민이 되어버렸다.

이제, 갈가리 찢어져 그 형해만 건사하고 있는 진보 명색은 물론이고 개혁성향의 두 후보를 비롯해 이 나라 꼴통 보수의 대표 주자조차 "국가가 나서서 너를 위해 무엇인가를 해주겠다!" 라는 공약을 내거는 시절에 이르렀다.

대통령으로 뽑아만 준다면 경제민주화를 통해 일자리를 주고 복지혜택을 주겠다는 것이다. 그것은 국가는 국민을 위해 있는 것이며 그동안 잡것들의 헛짓에 의해 과도하게 편중된 '쌀'을 나누는 것으로 국가의 사명을 제대로 하겠다는 고백이다. 이제 우리는 선택을 해야 한다. 대통령이 어떤 사람이 되느냐에 따라 공동체의 운명이 뒤집어질 수도 있다는 사실을 우리는 지난 5년을 통해 보았다. 다음 달에 우리가 하는 선택의 결과는 당대를 넘어 후대에 미칠 것임이 자명하다. 나라의 주인이 누구인지 보여줄 때다.

2012/11

칼 이야기

날씨 고약하기로는 독일이란 나라를 빼놓을 수 없단다. 여름 짧고 간절기는 시늉만 있고 긴 겨울은 춥고 음습하여 연중 청명한 하늘 보기가 나라님 콧등 보기보다 어려운지라 모처럼 하늘이 파랗게 열리면 사람들이 환장을 한단다.

그토록 궂은 날씨가 그 동네에서 유달리 철학자를 많이 배출한 배경이란 주장이 있을 정도다. 눈이 많은 겨울에 유난히 울창한 삼림을 뚫고 먹을거리를 구하러 나서기가 어려웠던 옛날, 그들은 돼지를 잡아 주식으로 삼았단다. 날 선 칼잡이가 포정의 손놀림으로 뼈를 발라 부위별로 다듬이를 거쳐 지지고 볶아 저장해서 긴 겨울을 났다는 것이다. 그 유명한 독일 소시지와 햄버거의 탄생 유래다.

도살한 돼지를 능숙하게 다룬 칼잡이는 백성의 연명을 책임진 공로를 인정받아 기사 작위를 수여할 정도로 존경받았단다. 그가 다루던 연장인 칼과 가위는 오랜 세월 더욱 날 서게 벼리고 벼른 끝에 세계적 명품이 되었다. 요즘에야 홈쇼핑에서 손가락질 몇 번이면 구할 수 있지만, 얼마쯤 전만 하더라도 밥술이나 먹는 우리 아줌마들이 유럽 여행길에 나서면 필수적으로 두어 벌씩 품고 들어오는 것이

독일제 칼인 것이 그런 연유란다.

수육에다 곰탕에 도가니탕, 우족탕으로 소 한 마리 잡으면 머리부터 꼬리까지 완벽하고 기발한 조리법으로 끝장을 보는 우리랑 많이 닮았다.

하지만, 전혀 닮지 않은 것은 사람 대우다. 옛날 우리 양반네들은 잡은 소를 우걱우걱 먹기만 했지 소 잡는 이를 백정이라 부르며 사람 취급하질 않았다. 그 시절 양반 꼴 궂은 것이야 그렇더라도 상민들 조차 부쩌지를 못하게 하였다. 섞여 살지 못하고 외진 곳에 격리되었을 뿐 아니라 어린아이에게조차 고개를 들지 못하고 존대를 하며 새끼줄 묶은 패랭이 꼴로 평생 한번인 혼례 때 가마를 탈 수 없으며 죽어서도 상여를 쓸 수 없었다. 천민 중의 천민이었다. 1894년 갑오개혁으로 제도상으로는 신분제가 폐지되었지만, 몸에 밴 관습적 차별은 수십 년이 흘러도 여전했다. 백정은 여전히 인간 이하의 가혹한 처지를 한 치도 벗어날 수 없었던 것이다.

진주에서 형평운동이 일어난 것은 1923년이다. 고기를 다는 저울처럼 평등한 세상을 꿈꾼다 하여 이름 지은 〈형평사〉의 '사람값 찾자'는 반차별 운동은 금방 전국으로 번졌다. 당시 분위기론 백정 몇 명이 머리에 띠 두르고 종주먹 내질렀다면 몰매나 맞고 시르죽었을 것이다. 그들의 처절한 처지를 함께 고뇌했던 진주의 지식인들이 함께 나섰기에 그나마 저항을 견디고 사회운동으로 자리 잡을 수 있었던 것이다. 신현수·천석구·강상호 선생 등이 대단한 까닭은 그래서이다.

강호동이 입이 째지게 웃으며 그 너른 가슴팍에 '백정'이라 써 붙이고 망나니가 휘둘렀음 직한 시퍼런 칼 한 자루를 긋듯이 박은 사진이 붙은 고깃집에 우린 스스럼없이 드나들며 우걱우걱 삼겹살에다 소주를 마신다. 그렇듯 이제 우리 사회에 백정이란 이름의 천민계급은 없다. 아직도 일본에는 백정의 후손인 부락민이 300만 명이나 있어 음으로 양으로 차별을 받고 있고 인도엔 불가촉천민이란 어처구니없는 것이 1억 8000만 명이나 있는 것과는 대조된다. 하면 우리는 평등한 사회를 이루었는가? 어쩌면 그것은 도달할 수 없는 요원한 꿈일지도 모른다.

하지만, 사람은 누구나 그 자체로 귀한 존재다. 못사는 나라에서 시집을 왔다고, 굶는 가족을 위해 얼굴색 다른 나라에 품 팔러 왔다고, 못 배웠다고, 가난하다고, 장애가 있다고, 늙었다고, 성적 취향이 다르다고 그들의 목에 주홍글씨를 걸어두고 있지는 않은지 다시 생각해 볼 일이다.

2012/12

4부

부정한 선거였다면 무효가 당연하지 않은가

우리는 얼마나 더 돌아서 가야 하는가

〈레 미제라블〉이 뮤지컬로 들어왔다고 권하기에 코웃음을 쳤다. 언제적 장발장이냐. 번역자의 상상력이 어디까지 갔었는지 모르지만 〈아! 무정〉이란 이름의 동화로부터 장발장이란 만화에다 소설에다 '장가방'이던가, '장폴 벨몽도'이던가, 아무튼 같은 '장'씨 성 가진 불란서 배우의 영화꺼정 겨끔내기로 봐온지라 아직도 미리엘 주교, 자베르 경감이 입에 붙어 있는데 뻔한 걸 왜 보냐. 그것도 지루하게 늘어지는 서양 뮤지컬을… 하고 눙치다가 그것도 봤다.

달포 동안을 세상과 연결된 모든 매체를 거의 끊다시피 살았다. 활자 명색 꼬라지도 보기 싫어 뒤적이던 것도 던졌다. 하지만, 쉼 없이 두리번거리던 일상을 내던지고 면벽하고 앉았을 품계에 이르지 못한 것이 삼독에 찌든 범부의 한계이던가. 항상 듣던 걸 좋아 여기는 '귀'란 놈에 비해 쉼 없이 새로운 것을 찾는데 정신 줄을 놓는 '눈'이란 놈의 관성을 달래느라 도리없이 낙을 붙인 것이 영상이었다. 켜놓고 이윽히 앉았으면 알아서 돌아가는 것으로 허랑한 심사를 덮었다. 몰입도 만땅의 김수현 연속극 16편을 몰아보고 쟁여두었던 아리까리한 영화들을 뒤적였다.

민족문제연구소에서 제작한 〈백년전쟁〉과 강풀의 만화를 영상으로 옮긴 〈26년〉 그리고 〈레 미제라블〉을 보는 심사는 이완시키려는 정서를 거꾸로 매다는 느낌이었다. 역사라는 것이 부침이 있게 마련이고 긴 안목으로 들여다보면 지금의 일들은 손톱만치도 안 되는 짧은 마디인데 뭘 그리 촐싹거리냐고 제법 쪼를 빼며 다독여보기도 하지만 얼척 없기는 마찬가지다. 조동진의 노래가 생각난다. "우린 또 얼마나 먼 길을 돌아가야 하는가."

새 정부의 총리로 김용준을 내세우는 듯하다. 이력이나 연륜으로 보아 가장 중량감 있는 출발이라 판단하고 있는 것 같다. 열 살도 안 된 아들들에게 땅덩이 하나씩을 내줘 재산세 납부교육을 시킨 미담이 소개되며 하자검증이 이루어지는 모양인데 그런 거야 뭐 문제가 될까. 이명박 정부가 짜놓은 공직 임용의 그물코가 하도 너르고 부드러워 이동흡 같은 이는 재수 없는 경우에 속할 뿐 괘념할 정도로 촘촘한 기준은 외려 사치라 여겨진다.

하지만, 내정 소식이 있었던 후 열린 기자회견에서 그가 말한 "법과 질서가 지배하는 사회로 가야 한다"는 발언은 오싹하다. 인수위원장에 위촉된 그가 "나는 법밖에 모르는 사람인데"라고 했듯이 20대 초반에 판사가 되어 입때껏 법조인으로 살아온 그로서는 으레 할 수 있는 소리인데도 말이다.

만인이 법이 지배하는 원리에 따라 세상을 꾸려나가자는 지극히 당연한 주장에 오금이 저리는 것은 왠가. 멀리 이승만, 박정희, 전두환까지 갈 것도 없다. 촛불사태 이후 청와대 뒷산에서 아침이슬을 들으며 눈물을 흘리고 내려온 현직이 부르대던 것이 이른바 '법치'다. 그 발언 이후 일어난 일들을 우리는 진저리를 치며 겪었다.

'법치'는 지 깜냥대로 깝죽이는 이른바 '권리를 외치는 자'들을 조지기 위한 도구로 사용되며 자신과 주변과 재벌 등의 힘 가진 자에게는 비켜가는 것임을 보여주었기 때문이다. 막판까지 도둑놈들을 사면하겠다는 의지를 보이는 뻔뻔함에 아연할 뿐이다.

장발장을 끈질기게 쫓으며 새 삶을 가로막았던 자베르 경감도 엄정한 원칙과 기준이 있지 않았던가. 그런 기시감에 빠진 사람들의 내상을 배려해 발언하기를 김용준 내정자에게 바라는 것은 지나친 기대라는 생각을 하며 또 한 번 씁쓸해진다.

박근혜 정부가 잘하기를 바란다. 그것은 지지 여부와 상관없는 일이다. 이 어려운 시대를 견디고 있는 수백만의 '사람'이 최소한의 인간적 삶을 누리냐 마냐는 새 정부 의지의 영역이기 때문이다. 약속 하나는 철저히 지키는 정치인이라는 당선인의 언명에 맞게 선거기간 중 했던 공약을 지킬 수 있길 바랄 뿐이다.

2013/1

100년 역사 무너진 서민 공립 병원

화끈하기도 하다. 경상남도가 진주의료원을 폐업시켜버리겠단다. 발표 내용을 뒤져보니 여러 가지 행정 용어들이 각을 잡고 늘어서 있지만 한마디로 '빚은 많은데 먹여 살릴 식구는 적잖고, 뒀다간 해마다 적자만 늘어날 터수니 아예 없애버리는 것이 골치가 덜 아프겠다'로 읽힌다. 환경단체니 교수니 하는 먹물들이 재재거리는 것에 부화뇌동하는 이른바 '시민의 아우성' 따윈 눈 하나 깜빡 않고 삽시간에 전국의 강바닥을 뒤집어 '공굴'로 도배를 하고 이제 막 안가로 돌아간 전임의 행태에 비기기야 하겠냐만, 기분은 더럽다. 그 기관의 태생을 주워듣고 과정을 지켜본 주민으로서의 소회가 그런 것은 그 전격적 발표에서 느껴지는 독단과 오만 때문이다.

진주 의료원이 설립된 지는 100년이 넘었다. 그래서 그게 자랑스러울 것은 없다. 외려 뒷덜미가 스멀거리고 무안한 느낌이 들 뿐이다. 그것은 식민의 세월을 보낸 이들의 후예로서 느끼는 자괴감 때문이다.

의료원의 전신인 자혜원은 1909년 허울뿐인 조선 황제 순종의 칙령으로 청주, 전주, 함흥에 시범적으로 세워진 서양식 병원이었다. 1

년 후에 전국적으로 확대 시행하겠다는 계획이었으나 이듬해는 국권침탈을 당한 경술년이다. 왜는 이미 제물포조약을 시작으로 차근차근 진행된 식민술책의 목적으로 백성에게 가장 절실하고 근본적인 '치병'으로 우선의 민심 유화에 나설 요량이었던 것 같다. 선교사를 앞세워 의료와 교육을 통해 식민 영토를 확장하던 서구의 제국주의 문물도입에서 얻은 학습효과를 반도에 적용한 것이다. 이름은 순종의 칙령을 빌렸지만, 전국의 요처에 세운 병원에는 왜의 육군 장교가 원장으로 취임했다.

진주 자혜의원 또한 그때 만들어졌고 1910년 8월의 일이다. 그 후 1923년에는 진주 중심에 당시로서는 대단한 규모인 연건평 2000여 평의 건물을 짓고 경남도립 진주의원으로 개명한다. 태생 자체가 "동아시아의 선진국으로서 아시아 제국에 대해서 의학 약학 및 이에 수반하는 기술을 보급하여 그 민중의 건강을 보호하고…" 어쩌고하는 식민지 구축의 빌미로 쓰여 오늘날 친일 학자들이 식민지 근대화론 주장의 하나가 되기도 한 것이었다.

그렇거나 말거나 그 병원은 오랜 기간 진주를 비롯한 서부 경남 쪽 서민들이 가장 쉬 드나들고 의존도가 높던 기관이다. '윤양병원' '영도병원' 등의 단과 의원 몇 개에 의탁할 수밖에 없는 상황에서 공립병원의 이점인 비교적 싼 의료비와 낮은 문턱 덕분이었다. 지금은 장이 커져서 대학병원을 비롯한 종합병원과 몇 개의 전문 병원들이 생겼지만 그런 민간 의료시장과는 엄연히 성격이 다른 공공적 특성을 장점으로 가진 기관으로서 그 기능을 능동적으로 운영함으로써 혜택을 확대해야 할 때가 아닌가.

그럼에도 국민통합과 복지 경제민주화를 부르짖으며 지지를 호소하여 청와대에 들어간 새 대통령이 첫날밤을 새자마자 발표된 경상남도의 공립의료원 폐업 조치란 대체 어찌 받아들여야 할지 어이가 없을 뿐이다.

명색이 도민의 의료복지를 위한다며 만든 기관이 이윤창출에 매달려야 하느냐의 문제는 별도로 치자. 폐업 결정의 사유가 부채누적과 적자운영의 결과라 말한다면 최소한 관계된 종사자와 타 분석기관의 진단과 근사치라도 어울려야 납득할 일이 아닌가. 수백 명 일꾼의 생계가 걸려 있고 병상에 누운 환자 또한 적잖은데 거두절미하고 일방적 폐쇄를 발표하는 것은 도대체 무슨 배짱인가.

홍 지사가 보여준 그동안의 이력에 모두 찬성할 수는 없지만, 강단 있게 펼치는 소신과 청렴함, 그리고 솔직하고 소탈하다는 평가에 일견 기대하는 바가 있었다. 하지만 이건 아니다. 회생을 위한 논의가 우선한 연후에 합의를 향해 가야 한다. 지역의 친숙한 어떤 것이 멸절된다는 단순한 심사로 존폐에 분노할 만큼 시민이 바보는 아니다.

2013/3

'전쟁'이 어디, 놀이인가?

세계 곳곳의 화약 냄새를 미리 맡고 달려가 전쟁의 기미를 취재하고 터지면 곧바로 특종을 줍는 이른바 분쟁전문기자가 우리나라에 왔단다. 잇따라, 평소 특파원을 두지 않았던 해외매체 기자들 20여 명도 입국했다 한다. 이 땅에서 싸움판이 일어날 조짐이 있다는 보도는 그들이 긁어대는 대로 자국에 타전되고 지구촌 사람들은 이 말썽 많은 조그만 반도에서 전운이 감돌고 있음을 곁눈으로 흘금거리나 보다. 입국 예정이던 바이어들이 방문취소를 통보해오고 외국인 투자자들이 이틀 동안 2조 4000억 원 이상의 주식을 팔아 치웠다는 소식도 들린다.

조간신문을 뒤적이다 외신 한 귀퉁이에서 아랍이나 아프리카의 분쟁소식을 흘낏 일별하고 "에구 저놈의 나라 꼴들하고는, 허구한 날 지지고 볶는구나. 저 웃대가리에 앉은 몇 놈의 지랄 통에 애꿎은 백성만 죽어나가네" 하고 끌끌 혀를 차며 커피를 홀짝거리듯이, 거꾸로 놓고 보면 우리 꼴이 그 짝이 된 것이다.

그들이 코를 벌렁거리고 달려온 근거를 되짚어보면 북의 핵 장난이 있고 3월 중순에 미국이 북한을 초토화할 수 있는 B-52 폭격기를 한반도에 출동시키자 북한은 "군사적으로 대응하겠다"고 했다. 그러자 미국은 B-52 폭격기의 추가훈련을 취소하고 대신 스텔스 폭격기와 F-22 전투기를 출동시켰고 핵잠수함을 배치하였다. 그러자 북한은 스텔스기가 출격하는 "괌, 하와이, 미 본토 공군기지를 타격하겠다"고 응수하며 전략로켓군에 '1호 전투근무태세'를 발령했다. 중장거리 미사일로 응수하겠다는 뜻이다. 다시 미국은 북한의 미사일을 탐지하는 해상배치 엑스X밴드 레이더와 요격미사일을 탑재한 이지스 구축함을 한반도 해역으로 이동시키고 괌 기지에도 고고도 미사일 방어시스템을 배치하였다. 북한은 개성공단 폐쇄로 압박하기 시작했다.

그런데 정작 우리는 어떤가. 인터넷으로 신문을 검색해보니 꼭지에 걸린 기사는 연평도에서 고깃배로 되돌아간 탈북자 이야기나 낙지살인 사건, 건축업자가 공무원들을 별장에 모아 화끈하게 놀아댄 뒷이야기, 산악인의 고지체험, 손연재의 쥐이는 새 작품, 거기다 잘난척하던 이외수가 곁가지를 됐다는 고소함을 머금은 이야기 등 한가롭기 짝이 없다.

우리 사는 동네에선 권부의 핵심에서 큰살림 살다가 지방의 수령된이가 딴엔 '병원놀이'를 통해 훗날을 도모하는 지도자적 카리스마를 각인시킬 꿍꿍이속인지 준엄한 표정으로 의료원 하나를 결딴내고 있다. 태평성대는 아닐지라도 분쟁전문 기자들이 몰려오고 있는 나라치곤 담담하기 이를 데 없는 느긋한 놀음을 하는 것이다.

시방 벌어지는 엄중한 현상과 조화되지 않는 나라 분위기에 심한 혼란이 느껴진다. 이 한가로운 집단 불감의 배경에 뉘 모르게 단단히 '믿는 구석'이라도 있단 말인가? 이를테면 '누가 무슨 법석을 떨지라도 결코 전쟁은 일어나지 않는다'거나 '설사 전쟁이 일어날지라도 일 같잖게 끝장을 볼 비책이 있다'거나. 하지만 전쟁 불발에 대해 믿음직한 보장을 하는 이는 눈 닦고 찾아봐도 없고 승전에 대한 장담이 요란할 뿐이다. 유임된 국방장관 명색이 "만약 북한 도발 시 전방은 5일 이내 (북한군의) 70% 전력을 궤멸할 수 있는 군 태세가 갖춰져 있다"고 한다. 참 어이가 없다. 그들을 궤멸시킬 닷새 동안 우리는 온전할 수 있단 말인가. 입만 열면 부르대던 "수도권이 사정거리에 있는 남침위협"은 어디 갔는가.

불안과 공포를 불러일으키는 뉴스 한편으로 비관도 낙관도 아닌 엉거주춤한 성명을 내뱉는 정부의 태도가 다만 미제 무기수입에 얽힌 안보 장사이기만이라도 했으면 좋겠다. 공포 조장도 잦으면 약발이 들지 않는다. 벚꽃놀이 한창인데 "북 10일 안에 미사일 도발 가능성"이 무슨 만담 같은 부조화란 말인가. 민방공 훈련을 밤낮으로 하든지 아니면 이성적 대책을 내놓아야 한다. 특사든 뭐든 보내서 대화하라.

2013/4

까칠한 봄

들판으로 나서면 신록 예찬의 탄성이 터져 나오는데 진보 보수를 막론한 전달 매체에서는 탄식의 소리가 넘친다. 손석희의 거취와 윤창중의 처신 때문이다. 두 남자 모두 1956년생이라니 낼모레 이순을 앞둔 중늙은이 둘이 구설의 가운데 선 것이다.

선임될 때부터 입살에 올랐던 윤창중이란 청와대 대변인짜리의 어이없는 '엉덩이 사건'으로 입 달린 자들은 하나같이 몇 날 며칠을 주야장천 떠들어, 짚고 넘어야 할 심각한 현안들을 흔적도 없이 삼켜버리는데 예서조차 입에 올리기에는 징그러운 일이기도 하다. 본디 그러려니 한지라 황급히 도망쳐 와서 해명이라고 하는 것이 속했던 조직의 입장이나, 반대를 무릅쓰고 임명을 강행한 주군의 체면 따위는 모르쇠로 하고 외려 그들을 밟더라도 자신의 몰락을 버텨보겠다 안간힘을 쓰는 것마저도 놀랍지가 않았다. 하지만 그 같잖은 처신을 옹호하고 나서는 헛것들이 여기저기서 꽤 소리를 높이니 그것까지 두고 보기란 어렵다. 이른바 보수논객이라 으스대며 설치는 그들의 주장이 '친노 종북의 암계에 빠진 윤창중 구하기'에 맞춰져 있다니 참으로 놀랍기도 하고 한편으로는 처연하기조차 한 것이다.

주장의 논거가 '그럴 리가 없는 그'가 대통령 수행의 와중에 고주망태가 되어 딸뻘 처녀에게 낯 뜨거운 행각을 벌인 것은 "이 정부의 도덕성과 대통령의 미국방문 성과에 흠집을 내려는 의도가 담긴 공작의 산물일 개연성이 있다"는 것이다. 그 근거로 제시하는 것이 이 소동을 처음 발고한 '미시 유에스에이'라는 미국 내 교포 사이트고 이들의 전력이 친노 종북 성향이라는 논리다. 섭천 소가 웃을 일이지만 이를 받아 퍼뜨리는 '일베'라는 아이들이 SNS를 어지럽히고 다니며 피해자의 신상털이에 나서는 막장으로 치닫는다.

거두절미하고 당사자를 사건발생국으로 보내 과연 그것이 첩보영화 찜쪄먹을 친노 종북의 공작인지 논란의 부위가 허린지 어딘지를 명백히 가려 그 좋아들 하는 법대로 처리했으면 한다. 어물거리지 말고.

교수 강준만은 날카롭고 직선적인 글쓰기를 통해 90년대 중반에 이 나라에 이른바 '논객의 시대'를 열었다. 그는 월간지 〈인물과 사상〉을 발행하며 시류에 따라 이중적 태도를 보이는 지식인들을 신랄하게 비판했다. 데이터베이스가 구축되지 않았던 그 시절 그가 사용한 방법은 엄청난 독서량과 스크랩이었다. 신문 잡지에 내지른 것들을 차근히 모아 모순의 근거를 들이대는 실명비판에 거론된 누구도 옴짝할 수가 없는 것이다.

하지만 지금은 검색창에 엔터만 두드리면 갑남을녀의 정보조차 우르르 쏟아져 누가 언제 무슨 말을 하였는지는 손금 보듯 알 수 있는 세상이다. 그럼에도 이명박의 어처구니없는 '4대강'이나 마구잡이로 '해먹기'에 나선 측근 정치에 대해 찬양의 나발을 불고 손뼉을 치거나 암묵적 동조를 했던 기록이 엄연히 쟁여 있음에도 정권이 바뀌니 논조를 뒤집어 비난하기를 주저하지 않는 뻔뻔함을 보이는 것이 이 나라 주류 신문들의 행태다. 그들의 비호를 등에 업고 혹세무민의 전위에 선 것이 '기자'이고 윤 또한 그중의 하나다. 그들이 공동체에 저지르는 은밀한 해악이 바로잡히지 않는다면 이 악순환의 수렁을 벗어나기는 어려울 것이란 생각으로 암담하다.

앵커 손석희가 거대재벌의 방송국으로 옮긴다는 발표는 그래서 뜻밖이고 충격이다. 오랜 기간 반듯하고 정갈한 언행으로 이 나라 풍토에 흔치 않은 언론인으로 자리 잡았던 그의 선택에 마음이 무거운 것은 '믿을 놈 없다'는 자조에 빠질 것 같은 예감에서다. 권력과 자본에 휘둘리지 않는 온전한 '기자'를 갖는 것이 아직도 꿈에 머물러야 하는가 말이다.

"청와대 대변인이 대통령의 '입'이라는 비유는 포괄적이지 못하다. 대통령의 말을 단순히 옮기는 입이 아니라, 대통령과 정권의 수준을 압축적으로 보여주는 얼굴이고, 분신이기 때문이다." 이 주옥 같은 문장은 이전에 윤창중이 썼던 글이다. 까칠한 봄이다.

2013/5

선거철만 지나면 시민은 '쫄'이 된다

진주는 인구가 15만 남짓이었을 때가 가장 살만한 시절이 아니었던 가 싶다. 고만고만하게 취락을 이룬 묵은 마을 몇이 묶어져 도시로 성장해온 이 나라의 어딘들 그렇지 않으랴만 나고 자라며 지켜본 고 향의 어제를 가만히 되짚어 펼쳐보건대 그때가 개중 나았던 듯하다.

남강의 이쪽저쪽으로 걸쳐진 다리는 우리가 '철구다리'라 불렀던 '진 주교'가 유일했다. 비옥한 '큰들'인 도동으로 가는 길이 선학산을 넘 거나 뒤벼리를 길게 돌아야 하기에 그 불편을 더느라 '진양교'가 갓 놓이고 역전의 길이 도동으로 뚫린 것도 그즈음일 것이다. 진양호 아래의 평거동은 신안동까지 수목이 그득한 '들'이었다. 자전거 페달 에 발을 얹으면 너우니에서 큰들까지 달려도 힘들지 않았다. 남강물 은 맑았고 강변의 댓바람은 청량했다.

어쩌다 대처에 나가 낯선 길을 걸을지라도 진주 사람은 담박 눈에 든다. 평소에 익히 알지 못하더라도 마치 동기간을 만난 듯 왈칵 반 가움이 달려드는 것이다. 얼추 500m 간격의 로터리 네 개와 극장 넷 에, 번화가래야 다릿목에서 시장통까지인 손바닥만 한 곳에서 허구 한 날 스치는 사람들이니 그 인구가 십 수만이 된다 한들 객지에선 뒤태만으로도 눈 익은 모습이었던 것이다.

세월은 많은 것을 바꿔 놓았다. 다리만 7개가 걸쳐졌나? 남강은 여전히 흐르건만 백사장이 없어진 것은 이미 오래고 도동 큰들은 빼곡히 집으로 들어찼고 허파 노릇 하던 평거의 나무들은 베어지고 아파트 숲으로 뒤덮였다. 자전거 전용도로가 생기고 사이클 선수 복장을 한 견고한 차림에도 메마른 길은 불안해 보인다.

눈을 감고도 그려지는 구석구석의 길들이 도시화에 깎여 겨우 흔적만 보이지만 어쩌다 객지의 길에서 듣는 '진주'라는 또박한 발음만으로도 울컥 목이 멘다. 멀리 둔 채 바라보는 고향의 낯선 뒷모습의 생경함에 소스라치기도 하는 것은 한 곳에 뿌리박고 오래 산 자의 병증인가.

진주가 연일 입살에 오르내린 지 오래다. 홍준표 지사가 준엄한 얼굴로 진주의료원을 폐쇄하겠다는 포고를 한 후 어지러운 날들이 넉 달째다. 새 대통령이 취임식을 치르자마자 기다렸다는 듯이 내두른 이 방침은 매체의 꼭지를 시꺼멓게 덮을 특종을 만나지 않고는 거의 매일같이 기사화하는 '소란' 거리였다. 인간 홍준표의 속마음까지 들여다보는 '관심'의 법을 깨치지 못한 내사 쥐뿔도 모르지만 '전국적 주목을 받고자 하는 야망을 지닌 정치인 홍준표의 전략'이라는 것이 있었다면 주효했다고 봐도 되겠다.

지사 홍준표가 전임들의 방만한 도정경영의 결과로 쌓인 부채해결의 방편을 고민함은 맡은 책무이다. 도민의 세금을 들여 투자한 곳이 벌지는 못하고 빚만 늘린다면 당연히 사업철수를 검토해야 할 것이고 그런 명분의 튼실함에도 손가락질받은 기관의 구성원으로부터 저항이 따를 것 또한 자명하다.

그가 지목한 곳은 진주의료원이었고 부실의 배경으로 '귀족 강성 노조'를 꼽았다. 전국의 노조가 들끓고 일어날 것임은 충분한 예상치다. 하나 그래 봐야 한 줌도 안 되는 집단에다 사분오열되어 국민의 지지는커녕 '눈치 구뎅이'에 몰린 처지인 이른바 '진보'와의 싸움이 불리할 것은 없다고 본 모양이다. 복지부가 말려도, 국회가 을러대도 움쩍도 않는 배경인 듯하다. 딱 일 년 남은 선거에 나쁘게 미칠 영향은 없다는 계산속이 없고서야 새누리 도의원들이 어찌 부끄럼 없이 방망일 두드릴 수 있을까. 날치기로.

진주의료원이 어떤 병원인지를 진주 사는 서민들은 안다. 지사는 공립병원의 존폐를 시민에게 묻지 않았다. 노조가 제아무리 강성인들 시민에게 배척받으며 견딜 수는 없다. 문제를 풀어헤쳐 함께 해법을 찾는 노력을 기울여야 했다. 선거만 끝나면 시민을 '쫄'로 보는 오만을 다스릴 방도는 선거밖에 없음을 다시 느낀다.

2013/6

'국정원 부정' 은폐 주도하는 언론

야료가 지나치다. 골마다 법석대는 '축제'의 난전 한 귀퉁이에서 '보루박스' 펼치고 접시 두 개에 주사위 굴려 먹는 야바위도 눈치꾼이 많으면 속여먹기가 버거운 법이다. 그런데 본질은 한편에 처박아두고 빙빙 헛바퀴 돌려가며 엉뚱한 장난질이나 하는 정치권을 보며 이나라 시민으로 살고 있음에 심한 모욕감을 느낀다. 대체 국민 알기를 얼마나 우습게 보면 이런 맹랑한 짓을 천연덕스럽게 하고 있나.

제기된 문제는 명확하다. 국가정보원 심리정보국 소속 공무원들이 상부의 지시에 따라 인터넷에 편향적 게시물을 유포하는 방법으로 대선에 개입했음이 검찰수사로 밝혀졌고 따라서 강력한 권력기관인 국정원이 국내 정치에 관여해선 안 된다는 법을 어기고 선거에 개입한 것은 나라의 근본을 흔드는 문제이니 잘못을 명확히 가려 책임지게 하고 다시는 이런 일이 없도록 하는 것이다.

이건 육법전서를 들이대 잘잘못 견줘 따질 일도 아니다. 우리 같은 무지렁이 시민은 건널목 어겨 건너거나 담배꽁초를 처리할 때도 께름칙하여 두리번거리도록 입력된 것이 법의식이다. 하물며 명색이 개명했다는 민주국가의 선거에서 국민의 정치 의사를 왜곡시킨 것만큼 심각한 위법이 어디 있나. 범죄의 혐의가 드러난 원세훈과 김용판 두 사람을 잡아 치죄해야 함에도 미적거리는 검찰이 미덥지 않아 열리기로 한 국정조사는 소리만 요란할 뿐 시늉만으로 법정기일을 채울 공산이 커졌다. 온 나라의 매체가 한목소리로 NLL을 부르대는 까닭이다.

"노무현 대통령이 2007년 남북 정상회담 시 NLL을 포기하는 발언을 했고 그것은 엄연히 국토를 헌납한 것과 다름없으며 김정일을 대한 태도 역시 비굴하기 짝이 없었으며 이것은 심대한 국격의 훼손이다"는 주장의 근거를 대느라 어이없게도 국가기밀인 정상 간 회담록을 공개했으나 공개한 내용은 그 서슬 퍼런 주장과는 달랐다. 국문해독만 정상적으로 할 수 있어도 문장의 맥락과 의미가 말하는 바를 읽는 것이 어렵지 않음에도 의도적 오역인지 아니면 수준의 문제인지 다짜고짜 '헌납'을 우기다가 이번엔 국가기록원에 보관된 원본을 보자며 방향을 틀었다.

그런데 국가기록원에 남북 정상의 대화록이 없단다. 이게 말이나 되는 소린지 어이가 없지만 이제 '국정원 대선개입'이란 주제는 사라지고 전직 "노무현이 남북정상회담 중 범한 자신의 잘못을 가리기 위해 '대화록'을 없앴다"는 '심증'들이 미디어를 달군다. 국법을 어기고 혹은 국가에 심대한 위해를 끼친 사실에 대해서라면 그 시점이 언제였건 그 대상이 노무현이건 이명박이건 진상을 가려야 한다. 그리고 정말 웃기고 자빠진 꼴이지만 기왕에 국가기밀문서를 고스톱에 '비똥' 흔들듯 흔들었으니 누가 무얼 어쨌는지 끝까지 추적해 명확히 가려야 하는 것은 지당하다. 하지만 절대로 간과할 수 없는 것이 국정원이 저지른 범죄이다. 거의 모든 공동체의 정보를 쥐고 있는 국가기관이 '선거에 개입하는 짓'을 허투루 다룬다면 까짓 선거를 해서 뭐하겠는가. 그리고 이 황당한 사단의 시초가 그걸 뭉개기 위함이란 것은 공공연한 비밀 아닌가.

이 문제를 명확히 구분하라는 외침이 주말마다 벌어지는 광화문에서의 시위다. 하지만 수도 한복판에 수천수만의 인파가 모여 외쳐도 이 나라 모든 TV 방송은 약속이라도 한 듯 보도에서 제외한다. 각계각층의 시국선언이 줄줄이 이어져도 모르쇠로 외면하는 것이 이 나라 신문들이다. 본질을 흐리는 성동격서의 나발을 열심히 불어주는 사이비들이 판을 치기에 피 흘려 일군 세상이 다시 개판이 되어간다. 이 치욕적 상황을 부른 것의 복판에 언론이 있다. 견제 감시는커녕 오도에 앞장서는 타락한 언론을 이대로 두고서는 미래가 없다.

2013/7

국정조사 청문후기

국정원 국정조사가 슬그머니 끝났다. 민낯을 드러낼 수 없다는 이유로 권력 감시의 바깥에 존재하던 정보기관의 전직 우두머리를 부르고, 엊그제까지 빳빳하던 경찰의 2인자를 불렀으니 서슬 퍼렇던 벼슬아치를 국문한다는 점에서 '5공 청문회'를 연상하며 뻐근한 박진감을 기대했으나 결과는 허망했다.

'5공 청문회'야말로 대단했다. 교과서에선 민주공화국이니 삼권분립이니 하며 번듯하게 옹알거렸지만 개뿔, 현실에선 대통령과 그 곁의 무리가 권력유지를 위해 '지 쪼대로 족치고 해묵던' 시절을 백성은 곤하게 살았고, 눈물겨운 희생과 항쟁 끝에 마침내 그 무리를 심판대에 세운 것이 최초로 열린 청문회다. 당시 최고재벌 정주영은 국회의원 따위는 몇 푼 잔돈으로 다룰 수 있다는 듯이 능실거리며 혀 짧은 소리로 정경유착의 당위를 주장하다가 초선의 노무현 의원에게 묵사발이 되었다. 모가지에 깁스한 듯이 근엄 떨며 오만한 자세로 내려다보던 전두환도 하마터면 세모난 의원명패에 맞아 칠성판을 짊어질 뻔했다. 그때도 되잖은 방패를 들고 깝죽대던 여당 의원이 있었지만, 그 당시 야당의원들의 자질과 기개는 압도적이었다.

역사의 퇴행인가. 곡절 끝에 겨우 출석한 주요 증인인 원세훈, 김용판이 재판에 영향을 줄 수 있다는 핑계로 '증인선서'를 거부하면서 파행의 전조를 엿보였다. 선서하지 않았으매 대놓고 거짓말을 해도 치죄할 방도가 없는 터수이니 이 나라 입법기관이 고스란히 능멸당하면서 시작된 셈이다. 그렇거나 말거나 여당 의원들은 증인보호에 눈물겨운 노력을 기울였다. 단단히 믿는 구석이 있는 듯 웃음기조차 머금은 채 불리할 땐 모르쇠로 일관하며 느물거리는 증인을 제압할 정도로 야당의 추궁이 날카롭거나 효과적이진 못했다.

"의회가 국정통제에 관한 권한을 유효 적절히 행사하기 위하여 국정의 특정 사안에 관해서 조사하고 그 내용을 '국정조사결과 보고서'의 형태로 국민께 읊조리고 행정부로 하여금 문제가 된 지점을 바로 서도록 잡도리하는…." 국정조사 보고서고 나발이고 만들지도 못하고 끝났다. 대통령을 뽑는 박빙 선거 와중의 사건을 두고 벌이는 일이고 그 조사에 따르는 청문 절차에 등장할 인물 또한 정치적 비중이 큰 건더기들이니 야당짜리의 능력이나 투쟁력을 보거나 여당 나리들의 뻔뻔함이나 노회함으로 미루어 속 시원한 결론을 얻기는 어려울 것이란 어림은 했었다. 하지만 막상 끝나는 모양새를 보니 이 나라 의회 수준의 한심함을 다시금 확인한 것 같아 씁쓸했다.

그럼에도 청문회 효과는 있었다. 서울 한복판에서 주말마다 수만 명이 모여 촛불을 들고 구호를 외치는 것을 '좌빨의 준동'쯤으로 인식하는 사람들에게 그동안 행해졌던 국정원 여론조작과 경찰의 사건 축소 논쟁의 배경을 지켜봄으로써 진위 판별의 기회가 다시금 주어진 것이 그 하나요, 올곧은 공무원 하나를 찾은 것이 그 두 번째 소득이다.

경찰 '권은희'가 없었더라면 국가라는 공동체 안에서 2013년 이 시점을 견디는 우리는 모두 얼마나 비루한 주변인으로 남았을까를 생각한다. 경찰조직의 관성은 항상 '힘 가진 쪽'으로 움직였고 이번도 예외는 아니었다. 내부고발자로서 조직의 타성에 맞선 그녀의 소신 있는 태도는 민중을 옥죄는 가쇄로 각인된 종래의 경찰이미지를 뭉갤 만한 신선함이었다. "광주의 경찰이냐?" "맘속으로 문재인 대통령 바랐지?" 등의 비열하고 저열한 공격을 퍼부은 질 낮은 여당 의원과는 수준이 확연히 대비되는 모습이었다.

모처럼 모두가 지팡이로 기리던 '공무원'을 찾았지만 흔드는 바람이 거셀 것이다. 경찰 '권은희'를 우리의 공복으로 지켜낼 수 있느냐 마냐가 현재의 우리 수준이고 공동체의 건강성과 능력을 재는 잣대다.

2013/8

꼭, '충무공동' 이어야 하는가

혁신도시에 들어설 새 동네의 명칭을 '충무공동'이라 정했다는 애길 듣고 떨떠름했던 것이 나만의 느낌은 아니었던가 보다. 이 결정에 왼 고개를 치며 수군대는 소리가 여기저기서 들린다. 이미 '충무'란 동을 지명으로 두고 있는 옆 동네 시의원까지 노골적으로 삿대질을 한다니 딱한 노릇이다. 뾰족이 내세울 게 없으니 오로지 진주 '토박이'임을 자랑으로 삼는 나 같은 무지렁이도 우리 동네의 생뚱맞은 작명을 두고 이웃의 지청구를 듣는 사태를 지켜보노라니 자존심이 긁힌 느낌이다.

연유를 캐보니 진주시의 관료들이 이 거창한 이름을 나냥대로 작명한 것은 아니란다. 작년 12월부터 공모를 통해 시민의 의견을 듣는 청취과정이 있었고 제시된 의견을 15명이나 되는 선정위원들이 논의한 끝에 내린 결정이란다.

그 소릴 들으니 좀 켕기는 맘도 없진 않다. 명색이 시민 된 자로서 관청이 '방'을 붙여 시행예정의 정책에 대한 의견을 물을 때는 보지 못했다는 구실로 어떤 짓이나 하고 자빠졌다가 뒤늦게 투덜거리는 모양이 버스 지나고 손드는 꼴나 진배없으니 말이다.

그럼에도 혼자 구시렁거리던 소리를 추슬러 꾸역꾸역 적는 까닭은 시방 내린 이 결정이 세세연년 고유명사로 굳어져 불릴 것이라는 무게감을 생각한 까닭이다. 결정에 오류가 있다면 까짓 더 궁리해본다고 난리가 나랴 하는 것이요, 재심을 통해서라도 온전하게 사랑받을 이름 짓기를 청코자 하는 것이다.

'충무공'이란 칭호가 임진란의 영웅인 김시민 장군이 몸 바쳐 진주성을 지켜낸 공을 인정받아 나중에 영의정 벼슬을 제수받으며 얻은 시호임은 맞다. 도동에서 문산의 혁신도시로 걸쳐진 다리 이름 정하기를 '김시민대교'라 했으니 거기 꾸려질 동네 이름도 구색을 갖추느라 '충무공동'이라 지은 작명의 배경은 짐짓 이해가 가기도 한다.

하지만 한동안 검색어 상위에 올랐던 '어느 초등학생 시험답안지'에서 "암행어사 하면 생각나는 것은?" "출또야!" 라는 관성적인 즉답이 나왔다는 우스개처럼 길을 막고 물어봐도 '충무공' 하면 백이면 백 '이순신'이 튀어나올 것임은 뻔하다. 장군 일행이 벌였던 사투의 흔적이 남은 진해, 부산, 여수에서는 역사적 해전을 기리며 이미 '충무'라는 지명을 선점했던바 새삼스레 진주가 연고를 주장하며 무리한 줄긋기를 하는 것이 억지스럽다. 어떻게든 임진년이란 역사적 시간과 혁신도시란 지리적 공간을 이어, 지리 역사를 아우르는 교훈적 계도를 해보려는 발상이 엿보이는 것이 되레 안쓰러울 뿐이다.

'들말'은 비록 공식적 행정명칭은 아니지만 이제 진주 사람이라면 모두가 아는 지명이다. 신안, 평거지역을 택지개발하면서 새로운 마을이 생기고 그 지역을 총칭하여 '들말'로 부른 것은 불과 십 년 남짓의 세월이다. 놀랍게도 우리는 '평거'의 순우리말을 찾은 것이다. 문맹의 백성들 위에 군림하기 위해 어려운 한자어를 매긴 조선의 관리들과 일제가 벌인 경직된 행정구역 개편은 우리말 땅이름을 모두 지워버렸다. 하지만 그런 와중에도 너우니·뒤벼리·새벼리·말티고개 같은 아름다운 이름은 살아남아 그 이름을 부르는 느낌의 정겨움이 진주 사는 즐거움의 하나요, 상징어가 되었다. 기억키로는 몇 해 전에 진주시도 행정지명을 순우리말로 바꾸는 운동을 전개하여 호응을 받은 걸로 알고 있다.

예전 그곳의 지명이 '사평'이었다 하였고 후보에 오른 이름이었다니 그걸 우리말로 바꿔 부르면 어떨까. '모래들'이나 '모래두지' 쯤으로. 효과적 홍보수단을 써서 시민들의 창발적 욕구를 두드린다면 훨씬 더 아름답고 정감 넘치는 이름이 나올 것임을 믿는다.

이름이 거창해야 혁신도시의 위용이 서는가. 둔중한 무게감을 지닌 이름이라야 그것의 배경에 기대어 시민을 훈육할 수 있다고 믿는가. 이제 좀 바뀌어도 되지 않을까?

2013/9

손석희를 지켜보며

손석희가 종편의 사장으로 간다는 소릴 듣곤 참 황당했다. 세상의 별 잡것들이 설쳐 신문 방송을 개판으로 만들어도 이른 아침 반듯하게 마이크 앞에 앉아 조근조근 하루 사이에 일어난 안팎의 사건들을 정리해주는 그가 버티는 한 난마같이 얽혀 돌아가는 세상사 얼개의 귀퉁이나마 균형 잡고 볼 수 있다는 믿음이 있었는데 말이다.

MB정권의 비호를 받던 MBC의 사장짜리가 희광이 같은 칼춤으로 제 눈에 거슬리는 기자, PD들을 댕강댕강 날려도 눈엣가시 같은 그를 건들지 못했던 것은 이같이 그를 신뢰하고 든든해하는 대중의 수효가 무시할 정도가 아님을 간파해서였을 터이다.

하지만 그가 꼬마 사장으로 간다는 곳은 삼성그룹의 불법 대선자금을 여야 정치인에게 제공한 '전달책' 노릇으로 징역을 산 이가 사주인 방송국이다. 명색이 '기자'라는 물건들이 검찰에 소환되는 사주 앞에 나란히 도열해 "사장님 힘내세요" 하며 아첨을 떨던 풍토의 회사인지라 한편으로 어이없기도 하고 서글픈 마음이 들기도 했다. 손석희는 "종편이 현실이 됐기 때문에 종편을 배척하기보다는 좀 더

품격있는 방송과 보도로 방송 전체의 수준을 한 단계 높이는 것이 현실적이라 판단했다"고 수락 배경을 밝혔다.

하긴 지난 대선 당시 종편의 활약상은 이명박 정권이 최시중을 통해 그악스럽게 방통위를 장악한 연유를 짐작게 해주는 결정판이었다. 지상파가 느물거리며 딴전 피우는 낮시간 다닥다닥 붙은 채널의 네 개 종편에서는 난데없이 쏟아져 나온 후줄근한 '시사 평론가'들로 넘쳤다. 우르르 불러 모아 온종일 와글거리는데 불공정한 진영편성으로 일방적 편들기가 빤히 들여다보였지만, 코앞에 닿은 대선이란 초미의 관심사에 대한 방담이니 아무렇거나 채널엔 시선이 모였다. 그들로서도 모두 합해봐야 1%가 안 되던 시청률을 올리는 데는 그보다 좋은 기회가 없었다. 그중 '조선'은 아예 대놓고 여당후보는 추키고 야당후보를 까는 데 여념이 없었다. 거기엔 염치도 체면도 없었고 저널리즘이니 너절리즘 따위를 입에 올릴 낯짝은 더더욱 없었다.

수조 원의 돈을 강바닥에 들이부어 물길을 막고 뒤집어 엄청난 녹색의 물감을 풀어놓은 듯한 수해가 발생해도 그 원인인 전직이 유유히 골프채를 메고 다닐 수 있음은 이같이 언론과 권력이 수혜를 주고받는 구조의 소산이라 할 것이다.

그런 '조선'이 요즈음 연일 게거품을 무는 것이 채동욱 총장의 사생활 문제다. 조선이 악다구니를 쓰며 일면 톱으로 연일 쏟아붓고 있는 이 문제의 진실이 무엇인진 알 바 없고 딱히 궁금치도 않다. 다만 살다 살다 별꼴을 다 본다는 생뚱맞은 느낌이 있을 뿐이다. '조선'이 민주정부 십 년을 제외한 세월 동안 검찰총장을 패대기쳐 짓밟는 꼴을 본 적이 없는 까닭이다. 그들 역시 서로 핥아주는 관계에 있었음에도 느닷없이 공직자의 부도덕한 행실 운운하며 채 총장을 파묻으려는 삽질이 요란하다. 그 연유가 도덕성 탓이라니 대중은 모두 멍텅구리여서 그들의 은밀한 속내 따위는 꿈에도 모를 것이라 믿는 것일까. "그래, 니들이 안다면 어쩔래?" 라는 으름장일까.

이 나라 기득권 세력은 야비하지만 강하다. 기도하는 바대로 사태를 몰고 가는 정교한 기획력과 여문 실행력은 항상 명분을 주절대며 고상한 척하는 진보 세력을 일같잖게 녹다운시킨다.

국정원의 대선개입 문제를 NLL로 뒤집기하더니 김용판, 원세훈을 기소한 검찰의 총수를 파렴치한으로 몰고 가는 꼴이라니 이번에도 본질은 온데간데 없어지는 신통력을 발휘한 것이다. 그 전위에 완장 차고 선 것이 어이없게도 KBS, MBC이다. 알려야 할 것은 교묘히 가리고 정권찬양에만 침을 튀긴다. 마이크를 잡은 손석희를 주목하는 까닭이다. 비록 재벌회사의 바지사장일지라도 그의 양심에나마 희망을 걸고 싶은 것이 오늘의 언론 현실이다. 참담하다.

2013/10

정당해산 심판 청구한 국무회의

통합진보당 해산심판 청구안이 국무회의를 통과했단다. 국무회의의 의장인 대통령의 부재중에 부의장인 국무총리 주재로 열린 회의에서 '긴급' 안건으로 '위헌 정당 해산 심판 청구의 건'이 상정됐고, 이 안건은 국무위원들의 심의·의결 절차를 거쳐 통과되어 영국에 출장 중인 대통령이 전자결재를 했단다.

법이라야 아는 것이 도로교통법 정도가 고작인지라 이게 다 무슨 소동인지 들여다보니 요약하자면 정부 차원에서 정당 하나를 아예 뭉개버리겠다는 의지의 표명이고 다만 마지막 절차를 헌법재판소에 넘긴다는 뜻이란다.

이 정당의 대표되는 이가 작년 대선 TV 토론에서 겁도 없이 '다카키 마사오'를 들먹이며 야멸찬 공격을 퍼부었다. 더구나 절차적 정당성 시비를 불러일으키며 비례대표로 당선된 이 정당 소속 국회의원이 당원들을 은밀히 모아 '장난감 총'을 개조해 국가를 전복하자고 "모의했다" 한 것을 두고 볼 때 이 정당 명색이 탈 없이 버티기는 쉽잖으리라 짐작은 했다. 하지만 웬걸, 아예 당 자체를 통째로 없애버릴 작정까지 하리란 생각은 못 했다.

정부가 진보당 해산 필요 사유로 '민주주의의 기본질서에 위배'된다고 판단하는 근거 중 하나인 '통합진보당 강령'을 처음으로 차근히 읽어보았다. 입때껏 무당파 인본주의자로 자처하며 살아온 자로서의 독후감은 한마디로 '오싹함'이었다. 그 내용의 무시무시함 때문이라면 이 나월에 차라리 안심이련만 저항은커녕 공감의 고개가 주억거려지니 이런 불온한 느낌을 품는 존재 자체가 '해산심판'의 대상이 되는 것이 아닌가 하는 두려움이 왈칵 드는 것이다.

물론 주한미군 철수나 한미동맹 해체, 국가보안법 폐지 등은 오랜 기간 첨예하게 대립하는 주제이고 생각이 다른 공동체 구성원끼리 지속적 충돌이 벌어진 사안이다. 하지만 다를지라도 그런 생각을 누구나 말할 수 있다는 것이 우리 헌법이 말하는 '자유'의 개념이고 그것을 지키기 위해 싸워온 것이 이 나라 현대사이지 않은가. 그 외에 삼권분립, 사법제도 개혁, 지역주의 청산, 국정원의 사찰금지, 친일/독재 심판 따위는 일시적인 정파적 이해 때문에 다툼의 소지가 있을지언정 경제민주화, 보편적 복지, 언론의 자유, 평화통일, 자주적 외교 등에 이의가 있을 리 없다. 더구나 이 나라 절대다수인 '없이 사는 사람들'에 대한 강령 부분은 그들의 가려운 곳을 충분히 짚고 있다. 그것에 대한 기대는 2004년 치러진 17대 총선에서 13%의 정당 득표율로 이미 드러났다. 저들이 만약 주야장천 지네들끼리 지지고 볶는 싸움질로 끝없는 분열놀음에 빠지지 않고 겸손한 몸으로 저 강령을 구현하느라 애썼다면 세상은 더 살 만하게 되었을 수도 있을 것이란 생각이 들 정도다.

대중은 바보가 아니다. 어떤 정치 집단이든지 그들이 말하는 바와

행하는 바가 일치하지 않으면 자신들의 대변세력으로 인정하지 않는다. 그것은 선거라는 행위를 통해 표현되며 현재의 정치지형은 그런 선택의 산물이다. 그렇듯이 통진당의 미래 또한 그런 대중의 판단에 의해 결정될 것이다.

그럼에도 이 정부는 왜 이렇게 무리하고 분별없이 서두르는가. 설마 다음 총선 이전에 진보당의 꼬임에 빠진 대중이 국가전복세력이 되어 이 나라를 뒤집을 위험이 있다고 믿는 것인가. 그래서 대통령 해외순방 중에 긴급하게 방망이를 두드린 것인가.

법무부가 진보당 해산 심판 청구에까지 이르게 한 '국민적 공감대'란 것의 배경에 이석기 사건 이후 국민행동본부, 대한민국상이군경회, 탈북단체 등이 제기한 진보당 해체 청원과 이를 받치는 문화일보, TV조선, JTBC 등의 여론조사가 있었다는 보도를 보는 심경은 허탈하다. 장난감 총을 개조해 국가전복을 기도하는 거나 툭하면 가스통으로 무장하고 색안경에 성조기를 휘두르며 광화문 거리를 으스대며 몰려다니는 할배들이나 징그럽긴 매한가지다. 좀 상식적으로 살자. 애 터지는 시절이다.

2013/11

부정한 선거였다면 무효가 당연하지 않은가

해괴한 일이 벌어지고 있다. 이런 것이 이른바 주도권 쟁탈을 위한 정치공학의 운용인지 뭔지는 모르지만 두고 보려니 어처구니없는 것이 수개월째 벌어지고 있는 '대선 불복' 놀음이다.

드러나는 그 놀이의 규칙은 단순하다. 새누리당은 민주당의 입에서 '대선 불복'이란 명시적 성명이 나오도록 지속해서 어두운 유인의 덫을 놓는 것이며 야당은 그 단어만은 죽어도 뱉지 않을 것이란 각오로 비굴한 손사래를 연신 치는 것이다. 그네들의 전문용어대로 '정치는 생물과 같은지라' 약간의 변주도 이루어지는데 그래 봐야 비슷한 장단이다.

국정원 등 국가기관의 대선 개입 혐의가 짙어질수록 야당의 공격 수위가 높아질라치면 여당은 '그래서 시방 대선 불복하겠다는 거야?'라고 다그치고, 야당은 황급히 손사래를 치며 '아니 그게 아니고'라며 우물거리는 것이 공방의 얼개다. 딴엔 갖은 지략과 권모로 이 게임을 수행하고 있다고 여길지 모르지만 〈응답하라 1994〉 같은 쫀쫀한 연속극에 길들여진 입맛들로 보기엔 그 짜인 서사의 엉성함이나 상호 전략과 목표라는 것이 난이도랄 것도 없는 저급한 레벨인지라 지켜보노라면 심심하고 서글프기조차 하다.

새누리당의 전략은 매복시킨 협곡으로 적을 유인하여 일거에 전세를 역전시키는 전국시대의 계략처럼 골치 아픈 국정원·검찰총장·사이버사령부·보훈처 등의 현안을 '대선 불복'이란 '금기어'에 매달아 깔끔하게 순장시키려는 의중이 역력하다. 그것은 국정원 직원이 수백만 건의 댓글을 퍼 날랐건 말았건 대통령의 지지율은 고공을 날고 있고 여당지지율 또한 더블스코어로 야당을 압도하고 있으니 '여론'의 바람에 부채질만 제대로 하면 까짓 난관이랄 것도 없다는 계산속으로 보인다.

장하나 의원의 발언은 이 애매한 놀음의 뒤통수를 치는 격이었다. 새누리당은 이 협곡에 발을 디민 고마운 신출내기 의원을 환영하기 위해 산전수전 다 겪은 의원 백여 명을 국회 계단에 세워 벌건 현수막을 붙들고 사진을 찍었다. 이른바 긴급의원총회를 열고 규탄시위의 구색을 갖춘 것이다. 감히 국가 존엄에 도전하는 비례대표 초선의 배지를 박탈해야 한다는 비장한 표정으로.

잊음이 헐해 돌아서면 잊어버리는데다 쉼 없이 터지는 사건들로 코앞의 일을 요량키도 버겁지만 대선 이후 상황을 되짚어보면 "깔끔하지 못한 과정이 다소 있었다 할지라도 대통령 선거를 되돌린다는 것은 당치 않다. 절차의 정당함을 따지는 것도 중요하지만 당장 생길 공백기가 불러올 혼란은 누구도 감당키 어려운 일이다. 하지만 속속 드러나고 있는 선거개입의 정황에 대한 새 정부의 명백한 태도표명과 재발방지를 위한 후속조치는 꼭 필요하다"는 것이 반대편에 섰던

48% 국민 정서의 대종으로 보였다.

박근혜 대통령은 국민 모두의 대통령으로서 그 고리를 끊겠다는 의지를 보여야 했다. 속속 드러나는 공무원의 선거개입이, 퇴임 이후 자신의 엄청난 잘못에 대한 면탈 목적으로 경쟁 정파의 낙선을 기도한 전직과 그 수하의 작품이든지 아니면 새 정부 탄생에 공을 세워 출세의 방주에 올라타려는 자발적 부정행위자이든지 말이다.

국정원의 선거개입 사실이 하나씩 드러날 때마다 이를 가리기 위해 벌였던 NLL 논란, 남북 정상대화록 공개, 검찰총장 사생활 폭로, 수사검사 교체 등의 무리한 공작 배후가 스멀거리며 배어 나옴에도 시치미를 떼는 것에는 아연할 지경이다. 천주교 사제들을 시작으로 종교인들이 시민과 거리로 나서는 까닭은 국가기관의 선거개입이 얼렁뚱땅 이딴 식으로 넘어가면 다음 선거는 하나마나이고 민주주의는 끝장이라는 위기의식 때문이다. 김진태라는 새누리 의원이 "우리나라는 민주주의 과잉이다"고 했다는 발언의 시사점은 크다. 맞다. 그것은 다시 민주-반민주의 구도로 회귀하는 노골적 조짐의 표현이다. 싸움은 불가피한 듯하다.

2013/12

손석희를 징계하겠단다

'방송통신위원회'는 이명박 정부가 '방송위원회'와 '정보통신부'를 통합하여 만든 기관이다. 제4의 권부인 '언론'을 띄울 수도 조져버릴 수도 있는 '쎈' 곳임은 지난 정부에서 이미 인증된 바 있다. 방송사업자, 전기통신사업자의 인·허가, 등록, 취소를 결정하는 소관 업무의 막중함에다 이사 임명권을 쥐고 있는 '방송문화진흥회'를 통해 MBC 사장 모가지도 잘랐다 붙였다 하는 신공을 유감없이 보여 줌으로써 4대강과 함께 MB를 추억할 인상적 기관의 구색을 갖춘 바로 그 '방통위'다.

컴퓨터와 통신의 결합을 통한 매체 환경의 변화로 이미 시들시들 맛이 가고 있는 종이 신문의 숨가쁜 영업환경을 타개할 방편은 방송진출이란 외길밖에 없는 것이 메이저 신문사들의 사정이었다. 당연히 사업권 취득에 목을 맬 수밖에 없었고 허가권을 가진 방통위는 연일 여론의 주목을 받는 기관이었다. 최시중은 방통대군이라 불리며 이상득과 더불어 이명박 정권 초중반에 세상만사가 '형'을 통하면 문제없이 이루어진다는 '만사형통'이란 유행어를 낳으며 하늘 찌르는 권세를 누렸다. 그리고 마침내 여론을 등지고 이룬 조중동과 매경의 '종편방송 개국'은 그들이 함께 부른 격양가였다.

그러나 그들의 기대완 달리 종편 모두를 합해야 시청률 1%도 못 미치는 실적으로 바닥을 헤매는 부진을 겪었고 두 대군은 나란히 감방으로 갔다. 그러던 종편이 제 몫을 한 것이 지난 대선이다. 염치 따위는 쥐에게나 주고 선연한 색깔의 수구꼴통 평론가 명색을 우르르 앉혀 종일 '까대기'와 '편들기'에 혼신의 힘을 다했다. 그중 몇은 청와대에 들어갔고 그중 하나는 국제적 인물이 되기도 했다.

방송통신위원회와 방송통신심의위원회는 엄연히 다르지만 '허가권'과 엮어져 있고 위원임명의 권한이 정부 여당에 치우쳐 있으니 태생적 기전이 유사하다. 그래서인지 일을 꾸미는 방식이나 벌이는 양태가 비슷한 것이 제법 아귀가 척척 맞다.

'방송통신심의위원회'가 16일 종편채널 JTBC의 〈JTBC 뉴스9〉의 프로그램 관계자에 대한 징계 조치를 확정했단다. 징계사유는 뉴스 9가 지난달 통합진보당 해산 심판 청구 관련 내용을 보도하면서 '공정성과 객관성'을 위반했다는 것이다.

위반이 아니라 '배반'이라고 외치며 거품을 뿜었다면 차라리 그 일관성에 고개를 주억거리겠지만, 그들이 생뚱맞게 '공정'과 '객관'을 들먹이는 통에 그만 아연해진다.

한날한시에 태어난 종편이 보도의 중점을 어디다 두고 있는지는 몇 시간만 들여다보면 보인다. 큼지막한 고딕 자막을 바닥에 깔고 머리카락 바짝 치켜 깎은 뚱뚱한 북한 젊은이의 '지도자 놀이'에 깨알 같은 해설을 곁들이는 한편 이른바 논객이라 불리는 수구 인사들의 일방적 정권 찬양으로 시간을 메우는 것이 공통적 특성이다. 지상파가 거기 비하여 좀 낫다 한다면 다만 조금 덜 뻔뻔하다는 것일 터이다.

손석희의 뉴스 9는 TV 뉴스를 외면하던 나로 하여금 8:59에 자명종을 맞춰두게 했다. 오랜 시간 동안 많은 사람으로부터 신뢰받던 이 훈남 방송인이 재벌 회사에 사장으로 가는 것이 못마땅해 불편하고 불안한 시선으로 채널을 맞추었던 것이 그 시작이었다.

기존의 뉴스가 1분 30초 정도의 분량으로 수십 꼭지의 뉴스를 늘어놓는 반면 손석희 뉴스는 꼭지 수를 줄이고 쟁점이 되는 주제를 깊이 있게 다루는 형식상의 변화와 더불어 첨예한 사회적 갈등의 대척에 선 각각의 견해를 밝힐 기회를 후하게 주며 이따금 즉석에서 토론을 벌이기도 한다. '편향'이 체질화하여 미디어 신뢰도가 갈수록 추락하는 이 나라 방송 풍토에서는 이런 상식적 시도조차 신선함인 것이다.

시절이 이러하니 그 잘난 '방심위'의 제재를 받는다는 것은 외려 올바른 방송을 하고 있다는 역설을 웅변하는 것이다. 한번 보시라 뉴스 9. 손석희마저 잃는다면 우리에게 남는 그 무엇이 있겠는가.

2014/1

강기훈 씨에게 엎드려 사죄해야 한다

"진실은 반드시 밝혀진다는 말을 굳게 믿는다." 이 말은 무죄 판결을 받은 김용판이 기자들에 둘러싸여 의기양양하게 읊조린 말이다.

"이 사건으로 삶이 뒤틀린 수많은 사람이 기억하고 있다. 이 판결로 그분들의 아픔에 위안이 되길 바란다." 이 말은 '유서대필 사건'의 재심에서 무죄 판결을 받은 강기훈의 소감이다.

사나흘 짬으로 내려진 두 개의 판결을 바라보며 느끼는 심회는 참으로 착잡하다. 김용판 사건이야 코앞의 일이니 모두가 알다시피 '서울지방경찰청장인 김용판이 대선 무렵 국정원 소속의 댓글녀가 일으킨 소란의 배경을 눙치고 여당후보를 도운 정황이 있는가?' 하는 것을 묻는 재판이었다. 방망이는 판사가 쥐고 있으니 두드리는 걸 막을 도리도 없고 '김'을 방면한들 딱히 뼈아파할 터수도 없다. 다만 그리되면 존경해마지 않는 경찰 권은희 선생의 양심적 선언을 펌훼하는 것이 아닌가 함에 주목할 뿐이다.

부끄럽게도 운동권이라곤 그 언저리에도 가보지 못한 소시민으로 격랑의 시기를 방관하고 살았던 자로서도 '유서대필 사건'과 '강기훈'

은 잊을 수 없는 이름이다. 그것은 그즈음에 팔팔한 아이들이 줄이어 초개같이 자기 목숨을 버리는 광경을 보며 받은 충격 때문이다.

노태우 정권 말기. 전두환을 물리친 여세로 사회변혁을 요구하던 목소리가 팽배할 때 대학생 강경대 군이 시위 중 경찰의 쇠파이프에 맞아 숨졌다. 국가권력의 폭압에 대하여 저항 세력은 같이 쇠파이프를 드는 것이 아니라 자기의 몸에 불을 붙였다. 전국에서 아이들이 분신하거나 투신했다. 그 아까운 죽음을 애도할 말미를 준다면 정권이 흔들린다는 판단이었을까. 그때 이미 맛이 간 김지하가 조선일보에 "죽음의 굿판" 어쩌고 하는 바람을 잡고 서강대 총장 벼슬의 사제 박홍이 "어둠의 세력" 운운하며 배후설을 제기하며 터진 것이 유서대필 사건이다. 동료의 투신을 교사한 원흉으로 지목된 강기훈은 공공의 적이 되어 회오리처럼 정국을 빨아들였다. 강기훈은 3년 징역을 살았다.

국가폭력의 무자비함은 이승만 이래 군사정부를 지나오며 그 참상을 치가 떨리도록 목도했다. 지배 권력이 국민으로부터 위임받은 권한으로 경찰·군·정보기관·사법기관을 권력의 도구로 사용하면 국가는 폭력의 정당성을 법으로 보장받은 가장 강력한 조직폭력 집단이 된다. 여기 걸리면 개인의 인생쯤은 풍비박산되며 정신은 멸절되어 허깨비로 남는다.

강기훈에게 씌워진 유서대필이라는 혐의의 증거인 '필적'이 국가기관인 국립과학수사연구소의 감정권위에 기댄 것이었으나 감정책임자 김형영(당시 국과수 문서분석실장)은 후에 감정과 관련된 뇌물수수와 허위감정으로 구속되었다. '강기훈 씨 무죄석방을 위한 400인 선언'의 성명서처럼 "부도덕한 집권세력이 위기 정국을 벗어나기 위해 무고한 젊은이의 명예와 인권을 제물로 삼은 것"임을 인정한 것이 이번 재판의 결과였다.

하지만 그따위 판결이 무슨 소용이랴. 재심에 재심을 거듭해 죄 없음이 밝혀진다 한들 그 판결문 따위가 혈기방장하고 의기 넘친 한 청년과 그 가족의 영육에 남긴 잔혹한 상처에 무슨 위로가 된단 말인가. 누가 이들이 잃어버린 시간을 복원해줄 수 있단 말인가.

문제는 이것이 군사정권 시절의 억압적 구조 속에서 일어난 옛날 이야기냐는 것이다. 온통 올림픽 이야기로 도배되는 틈새를 비집고 들리는 '서울시 공무원 간첩사건'의 증거조작 논란이 쉬쉬 와중에도 중국에까지 닿았다. 20년 전 그때 그 판검사와 벼슬아치들이 고스란히 지금의 집권 상부에서 영달을 누리고 있는 현실과 무관할까? 투철한 국가관을 부르대는 그들의 머리를 열어 '국가'란 '국민'임을 부어줘야 하지 않겠는가.

2014/2

'육조지'

남해 출신의 정을병 선생은 1970년대 전후 이 나라에 만연했던 부조리를 현란한 '글발'에 담아 적나라하게 쏟아낸 소설가시다. 당차고 거침없는 성격에다 면밀성을 더하느라 자발적 감금을 마다치 않는 체험을 통해 '고발문학'이란 장르에 기름을 부은 작가이기도 하다.

70년대 중반 〈창작과 비평〉에 발표한 그의 단편 '육조지'는 감옥에 간 죄수와 그 죄수를 '조져대는 자들' 간의 상호 관계를 사실감 넘치게 그린다.

'육조지'란 "집구석은 팔아 조지고, 죄수는 먹어 조지고, 간수는 세어 조지고, 형사는 때려 조지고, 검사는 불러 조지고, 판사는 미뤄 조진다"는 말에서 나온 조어다. 죄와 벌의 적용 단계에서 6가지의 직임 유형이 드러내 보이는 날것의 소리를 담아낸 것이다.

더러 영화에서도 보듯이 좁직한 감방의 상좌에 앉은 고참은 자신의 재판과정은 물론이고 복역의 와중에 수많은 유형의 판결과정을 목도하며 생생한 '법'을 익힌 눈썰미로 거의 유사 법조인의 반열에 서 있는 인물들이다. 신입이 들어오면 수감의 원인인 '소행'을 짚어본 연후에 주심 판사의 위용을 갖춘 추상 같은 판결을 내리는바 그 '선고'가 실제 판결과 그리 어긋남이 없더라는 것이다.

법을 다루어보지도 법으로 다루어져 보지도 않은 '법 없이도 사는' 사람이라 자위하는 깜냥에서 보면 죄의 대가인 징벌의 수위는 일정한 예시적 기준이 있어 비교적 계량 가능한 답이 있다고 생각한다. 법이란 것을 만들고 집행해온 역사의 유구함에 기댄다면 위에서 늘어놓은 '감방장'의 논고와 '방망이질'이 아주 근거 없음은 아니지 않으냐고 보는 것이다.

김두식 교수는 저서 〈헌법의 풍경〉에서 "그렇지만은 않다"고 대답하며 '리갈 마인드'라는 생소한 용어를 들먹인다. 이른바 '솔로몬의 선택'처럼 사안마다 계량화한 정의는 없다는 것이다.

판결은 "법리라고 하는 수학 공식 같은 기계가 있어서 거기에 집어넣으면 뚝딱 정답이 쏟아져 나오는 것이 아니며" 법률가들이 기왕에 만들어진 법을 근거로 '적용'이라는 재량권을 쓰는 과정에서 작동하는 '그 어떤 것'이 있다는 것이다. 그것은 논리라기보다 '직관'의 영역에 있는 것이니 꼬집어 설명하기도 모호하다는 것이다.

사법시험 합격 후 '검사'가 되어 복무하던 중 다만 "적성에 맞지 않다"는 지극히 사치스러운 이유로 검사직을 초개같이 던진 친애하는 김두식 교수에 대한 신뢰가 아무리 크다 한들 법이라곤 쥐뿔도 모르는 자가 듣기엔 알쏭달쏭하다.

하지만 눈치껏 읽기엔 '법'을 만지는 자 역시 세상 사는 이치를 깨쳐야 공리를 위한 균형 잡힌 시각을 행사할 수 있다는 뜻으로 보인다.

엊그제 이 나라 사법부가 내린 두 가지 극단의 판결을 보며 당혹감으로 어쩔하다. 피자 한 판을 사 먹기에도 어림없는 만오천육백 원을 훔친 44살의 노숙자 아무개 씨에게 징역 삼 년을 선고한 법원이 전 대주그룹 회장이란 세금도둑에게 내린 판결을 보니 어이가 없는 것이다.

탈세 판결 후 뉴질랜드로 날아가 휴양을 즐기다 온 피고에게 벌금으로 낮추어 249억 원을 매겼는데 못 내겠노라 '배 째라'고 하니 일당 5억 원의 '노역형'으로 대체해 준단다. 종이봉투에 풀 바르는 노역이란다. 우리 같은 장삼이사가 일당 오만 원 노역으로 무려 1392년이나 풀을 발라야 하는 것을 50일 만에 탕감해준다는 것이다.

이런 같잖은 인간들이 암기력 하난 좋아 법전을 달달 외워 사람을 죽이고 살리는 방망일 휘두르니 죽는 것은 조조 군사라고 군말 없이 꼬박꼬박 법대로 사는 대중들의 꼴이 황당해지는 것이다.

더 애 터지는 것은 국정원의 불법을 가려내려는 자기네 수장 채동욱을 자르려 별짓을 다 한 권력을 향해 꾸꾸 소리도 못하는 '검사'들을 지켜보는 것이다. 그들은 자존심도 없는 집단인가. 또다시 육조지의 시절인가 보다.

2014/3

그 벼슬 뉘가 준 것이더냐

지방선거에서 정당공천제는 여러 가지 설득력 있는 논거에 기대어 매겨지고 선택된 후 제도로서 눌러앉았다. 들여다보면 대충 이런 논리로 구슬린 것이더라.

1. 현실적 정치세력인 공당의 천거라는 보증서를 이마에 붙인 출마자를 보여줌으로써 유권자에게 선택 기준을 제공한다.

1. 정당은 후보자에 대한 책임을 지는 입장이기에 어느 정도 요건이 되는 인물을 후보자로 공천하므로 마구잡이로 덤벼드는 불나방을 걸러내는 일종의 거름망 효과가 있다.

1. 정당을 배경으로 한 정책을 제시하므로 결과에 대한 책임을 물을 수 있어 책임 있는 의회정치가 이루어진다.

1. 중앙정치와 지방정치의 매개역할 수행으로 정당정치의 효율을 높인다.

먼저 써본 외국의 사례들을 훑어보고 만든 것이니 번듯한 이론전개에다 명분 또한 앞뒤가 여물게 다듬어졌으니 손색없이 각이 잡히긴 했다. 이런 번드르한 도입사유가 그대로 착착 맞아떨어져 바르게 적용되는 정치 현실이라면 세상이 오죽 살만하겠나. 하지만 그동안 지방의회 기초의원의 천거과정을 지켜보건대 이 제도는 풀뿌리 민주주의의 착근은커녕 전문용어로 '오야붕'과 '꼬붕'의 순환생산 구조 같더라.

지역 국회의원의 막강한 권위에 기대어 선임 혹은 천거된 후보는 그간 다져진 정당조직의 작동 아래 선거를 치르니 이변이 없는 한 대체로 무난한 당첨(!)이다. 당선되면 그날 이후론 시혜자이며 지구당 위원장인 국회의원의 절대적 영향력 아래에서 '중앙정치와 지방정치의 매개자로서 책임 있는 의회정치'를 구현하느라 '윗선'의 심기를 깨알같이 헤아리며 임기를 메운다.

세상 어느 나라 정치인인들 그렇지 않으랴만 선출직 정치인의 다음 목표는 오로지 '재선'에 있음이니 수십 년 똬리를 틀고 있는 '지연'이란 괴물 덕에 '공천이 곧 당선'인 천혜의 구조 속에서 '공천'이란 결정권을 옹차게 틀어쥐고 있는 이에게 충성을 다하면서 말이다.

이 나라 하향식 구조에서는 꼭대기에 앉은 권력자를 제외한 나머지는 상부의 처분을 바랄 뿐이니 지역의 지구당 위원장 또한 어차피 재선이 지상목표이고 치러야 하는 선거의 전위조직인 단위 구역장들이 제 몫을 해야 현직을 이어 누릴 수 있음이니 그 '꼬붕'들을 착실히 관리하는 일이 주요한 업무가 됨이라. 물론 이들도 생사여탈의 공천권을 쥔 '상위의 손'에 충성해야 하는 것이 이 사슬구조의 특성인 듯하다.

물론 이건 '국리민복'을 위해 노심초사하는 선량들로 채워진 우리 동네 이야기일 턱은 없지만 지난 대선 때 여야 후보를 막론하고 이 제도의 폐해를 탓하며 폐지를 약속한 것을 보면 동네마다 구린내가 진동했음은 분명한 듯하다.

당비를 내는 진성당원의 적극적 참여로 상향식 의사결정 구조를 갖춘 진보 정당이 정당공천을 주창하며 여성이나 소수자 몫의 비례배분을 외치는 것은 당연하다. 하지만 통진당 사태 이후 쪼가리 난 이 나라 진보는 기진한 상태. 정의당, 노동당이 기초선거 정당공천제를 주장하나 박근혜 당시 후보의 대선공약까지 모르쇠로 하고 그악스레 정당공천의 달콤한 끈을 놓지 않으려는 새누리당과 입을 맞춘 꼴이니 보기에 안쓰럽다.

일주일 새 연이은 동반자살이 열두 명째란다. 늙어서, 병들어서, 가난해서 자살하는 나라의 국민소득이 몇 만 달러면 대체 무슨 소용이란 말인가. "가난 구제는 나라님도 못한다"는 말은 틀린 말이다. 자살률 1위의 처참함은 당연히 나라 탓이다. 시의원이니 국회의원이니 시장이니 도지사, 그 벼슬을 누가 준 것인지 누굴 위해 복무해야 하는지에 대해 철저히 무감한 까닭이다. 말로는 국민을 외치며 선거만 끝나면 유권자를 '쫄'로 보는 헛것들에게 더 이상 휘둘려서야 되겠는가.

이웃을 깨워 함께 조직하고 그 속에서 길러내고 키워야 한다. 시민을 대변하고 시민에 복종하는 자로 하여금 우리의 '쌀'을 관리하게 해야 한다. 거짓말을 손바닥 뒤집듯 하며 대중을 능멸하는 이 험한 시절을 바로잡을 힘은 오직 시민으로부터 나올 뿐이다.

2014/3

5부

—

누가 '그만하라' 말하는가

승묵이가 돌아왔습니다

억장이 무너지는 황망함으로 보낸 시간이 열흘을 훌쩍 넘겼다. 리모컨을 집어던졌다가 다시 주워 누르기를 거듭하며 졸갑증을 내다가 들어간 인터넷에 '승묵이가 돌아왔습니다'란 제목의 기사가 떴다.

"감사합니다. 많은 분이 걱정해주셨는데 승묵 군은 더이상 춥지도 무섭지도 않은 곳으로 여행을 갔습니다. 다시는 돌아오지 못하지만 기억하겠습니다. 응원해주시고 걱정해주신 주민 시민 여러분 감사합니다."

갖가지 색깔의 메모지로 빼곡히 도배되었던 안산의 '승묵이네 마트'에 가족 중 누군가가 쓴 걸로 여겨지는 글이 A4 두 장에 또박또박 박혀 있다. 먼 데서 지켜보며 구시렁거리기나 할 뿐 실상 무력하기 짝이 없는 주변인인 나를 외려 위로하며 쓰다듬어 주는 듯한 묘한 느낌의 글이었다.

"아이들의 손가락 발가락을 얼마나 정성스레 닦아주는지 마치 갓난아이 목욕시키듯 했으며…" 넋이 반쯤 나간 가족들의 마음을 보살필 양으로 진도로 갔다는 정신과의 정혜신은 도리어 가장 유익한 치

유사로 천주교 광주교구에서 자원봉사 나온 '장례지도사'들을 꼽으며 그들의 헌신을 소개했다.

탈진한 채 아직도 생사조차 확인치 못한 자식을 기다리며 밤을 밝히는 강당에서, 부두에서, 혹은 이 학년이 모두 결석한 비 오는 단원고 교정에서, 장례식장에서, 비통한 그들의 곁에는 가만히 그들을 보살피는 손길로, 애도의 꽃을 올리는 행렬로, 시민은 이렇듯 함께 울면서 서로 보듬으며 이 원통한 날을 버텨나간다.

연신 중계되는 그 모습을 보며 훌쩍거리는 한편으로 치솟아 오르는 분노를 누를 길이 없다. 그 큰 배가 속절없이 자빠진 배경에 대해 따지는 것은 적어도 지금은 때가 아니니 두고 보더라도 침몰이 시작된 후 이 재난에 대처하는 정부와 언론의 행태는 도저히 납득할 수 없을 뿐 아니라 용서할 수가 없다.

이제 갓 열여덟 살을 시작한 생때 같은 아이들 수백 명이 차디찬 물속에 잠겼다. 동원할 수 있는 세상의 모든 방법과 쓸 수 있는 모든 수단을 써서 이들의 생명을 구하는 일에 총력을 집중해야 함이 국가의 책무다. 바람이 강하다며 조류가 세다는 둥 시야가 어둡다고 징징대서 면탈될 일이 아니다. 그런 정도의 자연조건을 감안하고 발휘되는 능력을 기대하며 온 국민이 바라보고 있었다. 그러나 국가는 그 소중한 사흘을 어영부영 넘겨 단 한 명도 구출하지 못하는 어이없는 무능을 보였을 뿐이다. 썩고 무능한 조직이 그 위급한 '구조'조차 자신들의 유불리에 맞춰 움직이는 것을 우리 모두 빤히 보았다.

쓰레기 언론의 폐해야말로 나라를 망치는 주범임을 제대로 보여준 열흘이기도 했다. 권력의 잘잘못을 국민에게 알려 감시 견제하는 본연의 책무는커녕 권력의 개가 된 언론이 어디까지 타락하는지를 이번 일로 여실히 보여줬다. 구조 현장에서 부모들이 피눈물을 흘리며 지켜보고 있음에도 아랑곳하지 않고 왜곡된 보도를 일삼은 KBS, MBC, YTN과 종편 등 이 나라 TV 매체의 행태는 뻔뻔함의 극치였다. 펜 한 자루로 시대의 어둠을 고발하는 '무관의 제왕'이란 찬사를 받던 한때의 영화가 무색하게 '기레기기자+쓰레기'란 이름을 제수받는 신세로 전락했다. 뉴스타파를 비롯한 몇 개 양심적 인터넷 언론의 분투와 '손석희'의 JTBC가 보인 당연한 자세가 시민으로부터 많은 박수를 받았으니 이것이 이 나라의 전도된 언론 현실인 것이다.

하나 그게 다 무슨 소용이더냐. 오늘로 열사흘째. 아직도 찾지 못한 아이들이 저 시퍼런 바다에 있다. 어떤 놈이 무슨 잘못을 했으며 그 놈에게 무슨 벌을 내린들 녹색의 그러데이션이 펼쳐지는 사월의 산하를 못다 보고 간 열여덟 살 아이들을 되돌아오게 할 수 있을까. 비통하고 참담한 봄이다.

2014/4

사랑한 후에 남겨진 것들

모든 이의 가슴을 찢어놓은 채 잔인한 봄날은 갔다. 아이들이 검은 물속으로 들어간 후 50일. 세상은 들끓으며 적나라한 속살을 드러내 이 땅의 환부가 어딘지 제대로 보여주었다.

사람들의 일상은 무겁게 가라앉아 나라 전체가 초상을 치르는 '국상'의 분위기에 빠져들었다. 딱히 피붙이 살붙이가 연루되지 않았음에도 바닥에 흐르는 일련의 공감적 정서는 비탄이 배어 있는 것이다.

수십 년 동안 많은 비극적 사건이 있었음에도 이렇듯 오랜 시간 동안 집단적 아노미에 빠진 경우는 처음인 듯하다. 이념의 색깔에 따라 앞뒷집이 슬픔조차 공유하지 못한 나라의 또 다른 초상을 보았다.

그 와중에 대통령이 심한 비판을 받았다. 촌각을 다투는 위기 상황에서 보인 대처능력의 지진함은 경악할 정도였다. 대통령이란 자리가 국민 중 한 사람의 뽑힌 자가 맡은 5년짜리 직임에도 마치 용상에서 내려다보는 듯 위엄을 부리려는 태도와 각본에 따른 듯한 가식적 행보를 보니 아연할 따름이었다.

더구나 울음보가 터지는 아수라장의 진도체육관에서 버티고 앉아 천연덕스레 라면을 먹는 벼슬아치나 계란 한 알 넣지도 않은 검소한 라면이었다는 어이없는 '입'을 보며 느끼는 참담한 당혹감은 이 나라 국민인 것이 더욱 비참하게 여겨지는 것이었다.

거기에다 권력의 주변에서 벼슬의 턱찌끼를 탐하는 무리 중 몇몇이 이 일을 두고 쏟아내는 '말'은 맨정신으로 들어내기엔 아연한 것이었다.

자식을 잃고 환장 지경에 빠진 유족들에게 "시체장사", "백정", "짐승"이라며 손가락질하는가 하면 빨갱이 타령에다 심지어 "미개한 국민"이라 하는 아이까지 있었다.

감정적으로 전혀 다른 지평 위에 있는 이들끼리는 진정한 공감이 불가능함을 보여주는 극명한 보기였다. 그중 최악은 목사라는 이들의 설교 중에 나왔다는 폭언이라 옮겨 적기조차 역겨우니 막장이라 함은 이 나라 개신교의 대형교회를 이름인 듯하다.

또 하나의 환부는 언론이었다. 다른 부위가 곪아 문드러져도 언론이 제자리를 지키고 있는 세상엔 희망이 있다. 정치권력이건 시장권력이건 제대로 된 언론감시를 받는 한 전횡과 부정이 판치기 어렵다. 하지만 거꾸로 가는 것이 이 나라 언론이다. 권력비판은커녕 외려 찬양 일색도 모자라 공작의 전위에 서서 여론을 호도한다. 국제 언론감시단체 프리덤하우스가 발표한 '2014 언론자유 보고서'에서 한국은 197개 평가 대상국 가운데 68위를 기록했다.

지난해보다 4단계 더 낮아졌다. 프리덤하우스는 한국을 언론자유가 부분적으로 보장되는 나라인 '부분적 언론자유국'으로 분류했다. 노무현 시절에 30위권으로 '언론자유국' 지위를 누리던 것이 이명박 들어 곤두박질해 오늘에 이른 것이다. 세월호는 이런 언론 현실을 발가벗겨 보였다. 눈앞 바다에서 보이는 엄연한 현실이 TV를 통하면 어떻게 왜곡되는지를 생생하게 보았고 그 가증스러운 거짓이 폭로된 것이다.

KBS 노조가 파업에 들어갔다. 합치되기 어려운 두 개의 노조가 지방선거와 월드컵을 앞둔 시점임에도 군말 없이 연대해 파업한 것은 아마도 '부끄러움' 때문이리라. '손석희'라는 단 한 사람이 움직였음에도 '조중동'이란 쓰레기 연대에서 벗어나 청정방송으로 거듭난 JTBC는 '지도자'의 의지가 얼마나 중요한지를 보여줬다. 거의 모든 사람이 부패한 채 오랜 세월을 살아온 나라, 그래서 부패구조에 발을 담그지 않으면 살 수 없었던 역사와 문화를 가진 사회에서 어느 날 세월호가 침몰했다. 꽃다운 아이들 수백이 그리 덧없이 스러지겠나.

아이들이 가며 준 것은 자성이고 변화다. "내 탓이오!"를 외며 먼저 나선 것이 KBS라 생각한다. 권부와 쓰레기언론은 유병언 탓이라 온종일 부르대지만.

2014/6

누가 '그만하라' 말하는가

국정조사는 재·보궐선거에 빨려 들어가 뉴스에서 사라졌다. 대신 공천에 불만을 품은 어제의 동지들이 진흙탕 싸움을 벌이는 활극 장면이 연신 비친다. 두 번에 걸친 총리 후보 낙마 해프닝을 겪으며 웬만해서 죽지 않던 여세가 꺾였다. 모처럼 야당이 재·보궐선거 전승의 전망을 받던 중 아니나 다를까 그걸 말아먹느라 치고받고 난리이다. 거기다 그 잘난 장관후보자들의 청문회까지 겹쳐 국정조사는 뒷전이 됐다.

그러구러 날이 흐르면 조사기한에 이를 것이고 "그만해라 지겹다", "언제까지 세월호 타령을 할 거냐", "수학여행 가다 사고로 죽었는데 왜 이리 유난을 떠나", "분위기 때문에 그렇잖아도 나쁜 경기 더 나빠지고 장사조차 안 되니 이대로 오래가면 망쪼가 든다" 따위의 이야기가 더욱 힘을 얻게 될 것이다.

이미 MBC는 진상규명을 위한 기관보고에 출석하라는 국조특위의 출석요청조차 거부했다. 언론자유를 침해한다는 이유란다. 섭천 소가 웃을 일이다.

"세월호를 되돌아보는 것이 매우 힘들고 때로는 견디기 어려운 작업이란 것을 저희는 잘 알고 있습니다. 비극은 망각과 가장 친해야 하기 때문입니다. 그럼에도 세월호를 보내지 못하는 이유는 왜? 라는 질문을 멈출 수 없기 때문입니다."

JTBC의 앵커 손석희가 침몰 78일째인 지난 2일 뉴스를 시작하며 했던 말이다. 그가 진행하는 〈뉴스9〉는 석 달이 다 돼가는 동안 단 하루도 '팽목항'에서 시선을 거두지 않았음은 물론 뉴스 첫머리에 구조소식을 우선해 전하는 '배려'를 고수했다. 그것은 아직도 돌아오지 못한 자식을 기다리며 진도의 바닷가에 버려진 듯 남아 있는 이들에 대해 이 어처구니없는 나라가 보여준 거의 유일한 위로다. 또한, 추악하기만 한 이 나라 방송역사를 뒤집을 단호하고 청량한 시선이기도 하다.

비 내리는 팽목항에 서서 뉴스를 진행하던 손석희 앵커나 현장 지킴이인 서복현 기자 등은 시신이나마 건져 안고 집으로 가리라며 85일째 한뎃잠을 자는 가족들에게 비빌 언덕이었으며 비탄에 빠진 국민을 위무하는 손길이었다. 그리고 잿밥에 눈먼 무능한 공복을 깨우는 감시자이기도 했다.

세월호 사건의 원인은 만연한 사회적 부패에 있다. 사고 요인이라 일컬어지는 '썩은 배'를 사들여오는 과정의 불법성이나 무리한 구조변경, 결박장치가 없는 과다한 화물적재 등이 선주의 탐욕에 의한 것일지라도 그것이 감독기관의 비호나 용인 없이 가능한 일인가. 그럼에도 마치 유병언만 잡으면 세월호 문제가 뚝딱 해결되는 듯 허둥대는 정부의 처사는 납득하기 어렵다. 일흔이 훨씬 넘은 노인 하날 붙잡겠다고 검찰, 경찰로 길을 막아서고 육해공군을 동원하여 뱃길을 뒤지는가 하면 5억 원 현상금에다 전국 24만 곳에서 반상회까지 여는 것을 지켜보며 한숨이 난다.

잡아 치죄할 일은 해야겠지만 이게 과연 해법인가 하는 생각 때문이다. 이런 소동에 구색을 갖추느라 곁꾼으로 나선 TV조선, 채널A, MBN 등 이른바 종편 방송사들의 행태는 코미디도 이런 코미디가 없다. 그 방송들의 단골 출연자인 뚱뚱한 북쪽 지도자 청년을 제쳐놓은 채 '스페셜 유병언 좌담회'로 74세 남자를 머리에서 발끝까지 해부하느라 여념이 없다. 파도 파도 끝이 없는 '유병언 쇼'에는 고만고만한 형상의 출연자들이 거품을 물고 그 노인의 죄상을 열거한다. 근 80일 동안이나.

손석희 앵커의 말처럼 우리는 동시대를 살아온 공동체의 이웃으로서 그 어이없는 희생을 당한 아이들이 묻는 왜? 라는 질문을 비켜갈 수 없다. 시선을 분산하여 모면하려는 어떤 시도에도 맞서야 한다. 진실에 접근하려 선두에 선 〈뉴스타파〉를 비롯한 양심적인 인터넷 매체가 있다. 젊은 기자들의 각성으로 이명박 정권에 이은 견고한 장악력에 틀어 잡혀 고등 노예 신세를 이제 막 벗어나려는 KBS가 있고, 무엇보다 우리에겐 기자 손석희가 있지 않은가.

2014/7

특별법 제대로 만들어라

《산케이》가 화제다. 극우 지향으로 밥을 먹으며 그 영향력이 일본에서 다섯 손가락 안에 든다는 신문이다. '구로다'라는 자가 이십 년 넘게 서울 지국장으로 있으면서 극우적 주장을 펼치곤 했다. TV에 나와 '식민지 근대화론'과 역사교과서, 위안부, 독도 등에 대해 하도 뻔뻔하게 말해 '산케이' 하면 그 너부데데한 얼굴이 떠오를 지경이다. 논거가 뉴라이트와 내연관계요 조중동과 불알친구다.

그런 산케이가 얼마 전 서울발 기사로 4월 16일 박 대통령의 7시간 행적에 대해 노랗고 벌건 소릴 한 후 흐르는 기류가 묘하다. 애매한 태도를 취하던 종편이 그저께부터 산케이를 '극우'라며 맹렬하게 까댄다. 얼마 전 '문창극'에 대해 찬사 일색으로 합창하던 사이임에도 말이다.

조중동에다 문화일보까지 박영선 의원을 극찬하며 '외로운 결단'을 내린 훌륭한 지도자 칭호를 제수하고 다정한 어조로 칭찬을 아끼지 않는다. 못 잡아먹어 안달이 난 듯 독한 공격을 퍼붓던 종전의 행태와는 사뭇 대조적이다. 지난 7일 이완구 대표와 합의한 세월호 특별법 협상 이후의 현상이니 그 내용이 그들에게 매우 흡족했거나 혹은 그사이 박 의원이 그들의 진정한 친구가 되었거나 둘 중 하나인 듯하다. 며칠 사이 벌어진 두 가지 현상이 코믹한 상황극을 보는 듯하다.

박영선 의원이 그간 보여준 소신 있고 강단 있는 태도와 뛰어난 전달력은 국민의 성실한 대변자가 드문 우리 풍토에 귀한 자원이라 생각해 왔다. 숫자로 밀어붙이며 전횡을 일삼는 집권여당에 아금받게 덤벼 맞서지 못하고 물에 물 탄 듯 술에 술 탄 듯 끌려다니는 야당 명색을 보며 넌더리가 났다. 지난 5월 그가 원내대표로 선출되었을 때 그래서 진심으로 반겼다. 보궐선거에서까지 죽을 쑤는 통에 고꾸라져 바닥까지 추락해 '욕받이'가 되고 있는 새정치연합에 그나마 그녀라도 있으니 다행이라고도 여긴 것이다. 그런 그가 세월호 특별법을 두고 벌인 합의 내용이 뜻밖이다. 원내 대표에다 비상대책위원장까지 맡은 야당의 지도자로서 노회하고 능란한 여당과 정치적 타협 없이 강경 일색으로 가면 자칫 국민적 고통이 더 커질 수 있다는 고뇌의 소산으로 이해하고 싶다.

시민 된 자로서의 관점은 그리 복잡하지 않다. "아이들 죽음의 원인이 된 '구조'와 '사람'을 명징하게 가려내자"는 것이다. 이 나라에 법이니 제도가 없어 이 지경이 된 것인가. 도저히 믿을 수 없도록 행하는 자들의 손에 쥐어진 것이 그것이고 그것으로는 이 참혹한 사건의 전모가 밝혀질 수 없다는 것이 대중의 생각이다.

그래서 신뢰할 수 있는 구조에서 그걸 다루도록 '특별한 법'을 만들어 달라는 서명으로 봇물이 터졌고 입법기관인 국회에 맡긴 것이다.

그것은 억울한 원혼에 대해 이 공동체가 할 수 있는 유일한 위무이자 이 땅에 발 딛고 있는 갑남을녀에게 하시라도 닥칠 수 있는 위협의 고리를 끊는 칼이기도 하다. 갖은 협잡과 거짓말, 은폐, 불출석, 오리발로 상징되는 이 나라의 국정조사·특검·청문회로 또다시 면죄부를 줄 수 없다는 의지이다.

정부와 쓰레기 언론이 심혈을 기울여 석 달이나 끌어온 '유병언 쇼'는 허망하게 끝났다. 세월호 또한 매실 밭에서 소거된 그와 함께 날아가 주기를 바랐겠지만 그건 그쪽의 소망일 뿐이다. 그들은 "이제 그만하라"고 한다. 좀 큰 '교통사고'일 뿐인데 지나치게 유난을 떤다고도 말한다. 세월호 피로증과 침체되는 경제를 들먹이며 '민생'을 말한다. 사고로 죽은 자식을 빌미로 횡재하려고 한다며 비난한다. 25일째 단식에 들어 허깨비가 된 아이 아버지에게 "제대로 단식을 하면 벌써 실려 가야 되는 것 아닌가"라며 조롱하는 의사 출신 국회의원을 이웃에 두고 산다. 우리가 뽑았다. 대체 얼마나 더 죽어야 하는가. 타인의 고통에 공감하지 못하는 공동체에 미래는 없다. 길고 지루하고 고통스럽더라도 이번 싸움을 포기해선 안 된다.

2014/8

그래, 국민도 모욕감을 느낀다

'안락함'이란 '이웃의 어려움을 곰곰이 생각함으로써 얻어지는 마음의 상태'란다. 씹어보면 한쪽 입꼬리가 치켜지며 비실비실 웃음이 새어나오는 이 말은 짓궂은 천재가 엮은 〈악마의 사전〉이 내린 개구진 풍자다. 그 안락함이 과했을까? 류성걸이란 안동 출신의 새누리당 의원이 '조세특례제한법'이란 걸 개정하자고 발의했단다. 덧붙여 그는 이 법안이 "서민 가계의 소비 여력을 확충시켜 서민경제 활성화에도 이바지할 것으로 기대된다"고 했다. 그게 대체 어따 쓰는 물건이며 후렴으로 붙이는 이 객소리는 또 뭔가 하여 들여다봤다.

'조부모가 세대를 건너뛰어 손주에게 재산을 물려주는 데 붙는 증여세'는 30%가 할증돼 부과되는데 그게 과하다는 뜻이란다. 할아비가 금쪽 같은 손주의 공부를 위해 돈을 대준다면 갸륵한 일이니 장려하는 의미로다 최소한 "1억 원까지는 세금을 받아선 안 된다"는 것이 법을 바꾸자는 속뜻이다. 줄여 말하면 "돈 아까운 건 부자가 더하다. 세금 좀 깎자!"인데 그걸 서민 가계의 소비 여력과 연결시키는 능력이 가히 눈부시다.

이 국회의원 명색이 돈과 권력이 주는 안락함에 빠진 나머지 "여느

집에나 손주에게 1억 원쯤 쥐어줄 살림은 되지 않나?"라고 생각했나 보다. 그런 깜냥으로 보면 주민세·자동차세를 두 배로 인상하고 담뱃값 2000원 정도 올리는 것쯤이야 무에 대수로운 일이겠는가. 부자 감세! 서민증세! 라고 밤낮 부르대봐야 눈 하나 깜박하지 않는 것이 이 사람들의 머릿속인 듯하다. 바닥의 인심과 위정자들의 시각차가 벌어져도 너무 벌어졌다.

국무회의에 앉은 대통령 얼굴이 얼음장같이 차고 무섭다. 듣기에 '1. 세월호 특별법에 대해 대통령의 언급을 기대하는 것은 삼권분립과 사법체계의 근본을 흔드는 일이니 불가하다. 2. 대통령에 대한 모독적 발언(아마 설훈의 7시간 연애 발언을 지칭한 듯)에 대해 분개한다. 3. 담뱃값을 올리는 것은 서민들의 건강을 걱정해서이니 잔말 마라.' 또박또박 읽어 내려가는 대통령을 보고 있자니 나오느니 한숨이다.

엊그제 필리핀에서 여객선이 침몰했는데 110명이 구조되고 희생자가 여섯이었단다. 그 말을 들으니 더 억장이 무너지더라. 정부란 것이 있기나 하나 싶을 정도로 개판인 국가도 저 정도의 역량이 있는데 어미 아비가 빤히 지켜보면서 단 한 명도 구출치 못한 원인을 찾자는데 그걸 왜 들어주지 못할까. 삼권분립이니 사법체계라는 물건의 존재 이유는 내 나라 백성이 귀히 여겨지고 억울함이 없이 고루 잘살자고 만든 장치이지 않은가 말이다.

대통령의 7시간에 관한 문제 제기는 조선일보의 최보식이 정윤회를 들먹이며 최초 발설 후 산케이가 받아 썼고 선술집서 회자된 지 이미 오랜데 저리 굳은 낯으로 국민모독 운운하니 생뚱맞다.

그리고 담뱃값 올리는 이유를 서민 건강을 위한 절연대책이라고만 말하는 것은 솔직하지 못한 소리다. 세수증대에도 목적이 있음을 함께 말함이 외려 당당하지 않은가. 결국은 이를 통해 얻은 세수를 어떻게 사용하느냐에 따라 그 진정성이 입증될 것이다.

야당 명색의 하는 꼴에 더 분통 터지는 것은 그래서이다. 틈만 나면 괴물로 변하려는 욕망을 가진 국가권력 아래의 개별화한 시민이란 눈 한번 흘기고도 뒤가 켕기는 초개 같은 존재다. 시민을 천치로 여기고 내뱉는 허언들에 대신 맞서달라고 뽑아 월급을 주고 면책 특권을 줘서 앞장서게 했는데 뒷전에 서서 제 살 궁리나 하니 어찌 한심하지 않을까.

박영선 의원이 '탈당'을 들먹이며 진로 결정을 고심하다 철회했다. 누가 봐도 떼놓은 당상인 두 번의 선거를 어이없이 말아먹고 끝없이 추락하는 제일 야당이 대표마저 당을 떠나겠다는 의사를 밝혔다가 이를 물리는 듣도 보도 못한 사태를 맞았다. 지지율 10%면 갈 데까지 갔다. 입에 달고 사는 '국민의 뜻'을 살피는 통한의 계기로 삼아야 한다. 역사의 심판은 당신들이라고 비켜가지 않을 것이다.

2014/9

삐라

'애기봉 등탑'은 휴전선 접경인 경기도 김포의 야산에 세워진 철탑이다. 휴전선이 그어진 이듬해부터 '크리스마스 트리'를 만들어 연말연시에 불을 밝혔다는데 엄동설한에 군역에 나선 철책 너머 북쪽 젊은이들의 가슴을 꽤 흔들기는 했나 보다. 처음엔 소나무를 쌓아 만들었다가 1971년엔 아예 30m 높이의 철탑 구조물을 만들어 20~30㎞ 거리인 개성에서도 그 휘황한 불빛이 보였단다.

이쪽으로선 좋은 선전수단이었겠지만 전력사정 좋지 않은 저쪽으로선 눈엣가시 같았던가 보다. 그렇잖아도 싱숭생숭한 세밑에 산꼭대기서 휘영청 불을 밝히고 고성능 스피커 수십 대에다 찬송가로 나발을 불어 젖히는 '심리전'에 그들은 아주 예민한 반응을 보였단다.

그렇거나 말거나 애기봉 점등이 텔레비전에 비치고 "경계업무를 맡은 해병대는 북한의 도발에 대비해 경계태세를 강화하며"라는 뉴스멘트가 들리면 "아! 한해가 또 가는구나"라는 탄식을 하게 된 것이 우금 수십 년이다. 그것은 '고요한 밤 거룩한 밤'과 '철통방위의 국군 장병'과 '신음하는 북녘 동포'를 엮어 만든 눈깔사탕처럼 반짝거리며 해넘이를 각인시켜 주는 뾰족탑이었다.

그 애기봉 철탑이 지난 14일 철거되었단다. 대수롭잖은 듯 보도됐지만 담긴 의미는 작지 않다. 그것은 한낱 녹슨 쇠붙이의 해체가 아니라 전후 60년 남북 심리전의 상징이 폐기된 중대한 사건이며 경색된 남북관계의 개선을 알리는 청신호로 여겨졌기 때문이다.

그러하니 '삐라'를 둘러싸고 벌어지는 파주에서의 충돌을 지켜보는 마음이 더욱 착잡하다. 외견으로는 그악한 탈북자 단체의 '전단 날리기'를 휴전선 근처의 농민과 북 진출 기업인들이 말리는 것이다. 그리고 견해를 달리하는 양측 민간단체의 의견대립이 질서 있게 펼쳐지도록 1000여 명의 경찰이 관전하고 있는 성숙한 모양새다. 그런가?

삐라 살포에는 유난히 펄쩍 뛰며 "심리모략전의 도발 원점과 그 지원 지휘세력의 초토화"를 을러대던 북이 마침내 발포하고 우리 군도 대응사격을 하는 지경에 이르게 된 것이 지난 10일이다.

뜬금없이 아시안 게임 폐막식에 참석하겠다며 셋씩이나 넘어온 북한 권력의 실세와 우리 측 높은 벼슬들이 함박웃음을 지으며 화기애애한 모습을 보여 준 지 채 일주일도 안 되어서였다. 쳐 죽일 원수로 삼고 살벌한 언사를 쓰던 양측이 너무 화사하게 웃으며 '괴뢰'라 칭하던 피차의 손을 주물럭거리는 것을 TV로 보며 약간은 어이없기도 했다. 하지만 꽁꽁 얼어붙은 남북관계를 풀어보자는 뜻에서 저네들도 어색함을 눙치고 저러는 것이리라 하고 보니 예쁘기도 하여 자못 기대를 품게 하던 참이었다. 총격이 있었지만, 서로가 딱히 피해가 없었으니 의도치 않은 해프닝으로 삼고 넘어갈 만도 한 일이었다.

그런데 남북고위급회담을 조율하는 이 시기에 또 '삐라' 소동이다. 정부는 이 기세등등한 탈북단체의 삐라 예고 살포를 방관하는 이유를 묻는 답으로 "헌법상 가치인 표현의 자유를 존중해야 하므로 민간단체의 자율적인 대북전단 살포를 제한할 법적 근거와 관련 규정은 없다"고 한다. 이 나월에 '표현의 자유'라니 섭천 소가 웃을 일이다.

남북으로 갈라진 이후 양측 지배세력은 자신들의 지배력 강화나 유지를 위해 참 꼼꼼하고 찬찬하게 '분단'을 써먹었다. 자기 체제의 우월성을 선전하는 일방으로 상대를 '괴물'로 인식시키는 작업을 지속해온 것이다. 전쟁이 멎은 후 태어난 세대로 이 땅에 살아오면서 그간 그렸던 기괴한 형상의 '반공 포스터'는 그런 학습의 소산이었다. 세월이 한참이나 흐른 후에야 겨우 그 가증스러운 구조의 얼개를 더듬어 이제 겨우 어스름하게라도 앞이 보인다. 한데, '삐라'로 밥을 먹는 듯한 색안경 낀 남자가 손가락질을 하며 "애국 세력을 막는 종북 세력"이라 부르니 어이가 없다.

"야 이 사람아 밥을 위한 당신의 일상적 투쟁이사 존중하지만 갓 서른 된 뚱뚱한 상속자에 조아리고 살기엔 우린 너무 많이 보았고 배 또한 되우 부르다네."

2014/10

가난 구제는 나라님도 못한다?

"가난 구제는 나라님도 못한다"는 말은 오래전부터 익히 들어온 소리다. '가난'은 그 지경에 이른 당사자가 게을렀거나 노력이 부족한 탓에 겪을 수밖에 없는 결과물이니 누굴 탓할 일이 아니다. 공부를 못해 좋은 학교에 진학하지 못하고 그래서 높은 벼슬에 이르지 못한 것은 공부를 '안' 한 탓이요, 부자가 되지 못한 것 또한 열심이 없는 개인적 품성과 자질의 문제일진대 그걸 나라님인들 어쩌란 말이냐는 지청구다. 주눅들게 하는 경구였다.

풍찬노숙하며 박해에 맞선 이들의 덕분으로 그나마 세상이 나아져 '국가'가 '구성원'의 삶을 보살피는 것이 당연하다는 의식이 널리 퍼졌다. 그 주장을 '빨갱이 소리'라고 질겁하던 수구적 정치세력조차 대세와 추세에 올라타야 살아남는다는 눈치를 긁은지라 지난 대선 목 놓아 외친 구호가 '복지'였다.

박근혜 후보는 자신이야말로 '원칙과 신뢰'의 아이콘이며 '약속'을 지키는 것이 정치인으로서 최대의 덕목이라 외쳐대며 그것을 지고의 정치 자산으로 내걸었다. 그 위에다 전향적 개발품인 '복지'를 목말 태워 선거운동 내내 "국민에게 약속한 것은 반드시 지키겠다"는 대사를 입에 달고 유세장을 돌았다. 65세 이상 노인에게 기초연금 20만 원 지급, 4대 중증질환 100% 국가책임, 의료비 본인 부담 상한 50만 원으로 인하, 쌍용자동차 국정조사 실시, 공공부문 비정규직 폐지, 중증장애인 활동지원 24시간 보장, 기초생활법 개정으로 빈곤 사각지대 완화 등등 가난뱅이들 입이 귀에 걸릴 단내 나는 소리를 줄줄이 외쳤다.

그러던 그녀가 대통령이 되어선 거짓말같이 안면을 바꿨으니 취임 후 그가 한 가장 큰일은 '공약 파기'라고 해도 과언이 아닐 정도다. 선거 때 했던 약속은 어딜 갔냐는 볼멘소리에는 그저 침묵으로 일관한다. 본시 공약이란 것이 '구라'가 많이 섞인 정치놀음이라 치더라도 그녀가 설정한 자기 '정체'와는 어긋나도 너무 심하게 어긋났다. 그중 하나가 지금 쟁점이 되고 있는 무상보육에 관한 공약이다. 아이 울음소리가 듣기 귀한 세상이 된 지 오래다. 출산율 저하와 노령인구 증가는 장차 재앙이 될 인구변화이니 출산유도가 주요정책이 되어야 함은 불문가지다. 3~5세아의 보육과정을 통합하여 '누리과정'이라 이름 짓고 각 지역 교육청 책임 아래 국가가 보육에 최선을 다하겠다는 것은 그래서 갸륵한 처사였다.

하지만 정부가 편성한 내년 예산안에 지방 교육청에 내려보내는 지방교육재정교부금 1조 3475억 원이 빠졌다. 작년 세금이 덜 걷혔고 내년의 세수 전망도 좋지 않다는 이유로 깎인 것이다. 지방교육청의 운영자원이 중앙정부에서 주는 교부금과 지방정부의 지원금으로 이루어지는데 그걸 싹둑 잘라버리면 어쩌라는 거냐는 교육감들의 볼멘소리는 당연하다. 이에 대응하는 정부 여당의 논거는 '불요불급의 예산조정'이다. 속내는 "이건희 손자에게 공짜 밥을 줄 이유가 있느냐"는 논거로 "급식비 빼서 누리 과정 메워라"는 주문이다. 오세훈으로부터 시작된 이 해묵은 논쟁은 여당 일색의 정치지형도와는 딴판으로 대거 당선된 진보교육감들과의 진영 싸움으로 꼬리를 무는 형국이다. 이미 공약 따윈 간 곳이 없다.

천문학적 숫자의 세금을 강바닥에 퍼다 부어 산하를 엉망으로 만들고 자원외교라는 이름으로 수십조 원의 나랏돈을 빼 먹은 도둑을 방조, 방치하며 또다시 급식비 타령을 하는 염치없음에 혀를 내두른다. 그들이 바로 그들이다.

공동체 내의 구성원 누구나 굶지 않고 병들면 치료받을 수 있고 배울 수 있으며 얼어 죽지 않을 최소한의 장치를 마련하는 것에 세금을 우선 사용하는 것이 국가운영을 위탁받은 자의 책무다. 어쩌겠나. 지금 보이는 이 어지러운 현상은 '수탁인'을 허투루 뽑은 눈먼 주인 탓인 것을.

2014/12

섣달그믐날의 서글픔

"가면 반드시 돌아오니 해이고, 밝으면 반드시 어두워지니 밤이로다. 어렸을 때는 새해가 오는 것을 다투어 기뻐하지만, 점차 나이를 먹으면 모두 서글픈 마음이 드는 것은 무엇 때문인가?"

1616년 광해군 8년에 치른 과거시험의 최종 논술문제인 '책문'은 정치 현안에 대한 해법을 묻는 예년의 출제 경향과는 달리 다소 감상적이고 회한마저 서려 있다. 섣달그믐 날의 서글픔에 관해 추론하라는 것이다. 이날 그럴듯한 답변으로 급제해 인조 때까지 벼슬을 지낸 이명한은 이렇게 말문을 연다. "네 계절이 번갈아 갈리고 세월이 오고 가니 우리네 인생도 끝이 있어 늙으면 젊음이 다시 오지 않습니다. 역사의 기록도 믿을 수 없고 인생은 부싯돌의 불처럼 짧습니다. 100년 후의 세월에는 내가 살아 있을 수 없으니 손가락을 꼽으며 지금의 이 세월을 안타까워하는 것입니다."

천년만년을 살 것 같이 설쳐도 백 년은커녕 밤새 '안녕'할지도 알 수 없는 것이 사람 사는 일인데 그 꿈 못 깨고 깨춤을 추다가도 세모에는 모두 숙연해지는 꼴이 에나 지금이나 다를 바 없나 보다.

해를 넘기는 소회의 바닥에 '서글픔'이 깔리는 것은 낫살이나 먹은 자의 도리 없는 심상일 것이다. 해를 더할수록 더위는 더하게 느껴지고 추위 또한 버겁다. 성대 잘 간수하여 외려 젊은 날보다 더욱 농익고 푸근한 소리를 내는 가수의 노랫소리는 심금을 울리며 추상에 빠져들게 한다. 이제 되돌아볼 시간이 더 많은 동류의 회한에 불을 댕겨 코끝 시큰한 서글픔으로 공감의 통로를 만드는 것이다. 그렇게 열린 공감은, 어떻게든 살아보려는 이웃의 일상적 투쟁조차 남의 일만으로 여겨지지 않는다. '도저히 이해할 수 없는 일'이라 왼고개 치던 타인에 대한 완고한 저항 또한 무디어지는 것이다.

갑오년 한 해를 보내는 소회는 더 서글프고 착잡하다. 늘어놓자면 한바닥을 메울 만큼 가슴 아프고 통탄스러운 사고가 줄을 잇는 해였다. 사람의 죽음에 어찌 경중을 따지랴. 하지만 듣는 순간 '헉' 하고 숨이 막혔던 소식은 올해 2월에 있었던 세 모녀의 죽음이었다. "주인아주머니께. 죄송합니다. 마지막 집세와 공과금입니다"라며 70만 원이 담긴 봉투를 두고 간 그녀들 말이다. 수백 수천억의 나랏돈을 탕진하고도 헤실거리며 돌아다니는 인간이 있는 뻔뻔한 세상에 배곯아 죽으면서도 빚지지 않으려는 염치를 가진 저 사람들은 도대체 뉘냐고 묻고 싶은 것이었다.

그렇게 양극으로 대비되는 극단을 세모에도 본다. 얼음장 같은 아스팔트에 엎드려 오체투지하는 사람들, 70m 솟은 굴뚝에 올라간 사람들, '끝장 단식'을 내걸고 굶는 사람들 말이다. 억울함을 호소해도 눈 하나 깜빡 않는 세상을 향해 목숨 걸고 외치는 처절한 몸짓들이다. 하지만 이들의 외침에 답해야 할 '정치'란 것이 향하고 있는 시선을 보노라면 어이가 없다. 청와대 내시 소동을 이런저런 재주로 넘겨 덮고 요 며칠 사이 분주하게 연기를 피우는 것이 이제 형기의 반쯤이나 징역 산 재벌 회장을 석방하려는 설레발이다. 경제 살리기와 사회통합을 위해 풀어줘야 한다는 것이다. 노회찬의 말마따나 "경제 사범으로 경제를 살리겠다는" 어이없는 수작을 벌이는 이들은 하마 나이조차 먹지 않는 것일까.

박근혜 대통령이 이제 집권 3년 차에 들어선다. 바람 잘 날 없이 요동치며 흐른 세월은 어느덧 후반을 향하고 있다. 퇴임을 연상하면 뒷덜미가 서늘해지는 순간을 맛볼 즈음이 된 것이다. 이 나월에 대통령이 느끼는 '세모'의 상념은 어떤 것일까? "부부싸움 하다가 애국가 나오니 경례하더라"는 영화 이야기에 빠져있을까 설마. 해는 저물고 애끓는 백호 형의 노랫소리가 들려온다.

2014/12

6부

이제 니네들이 뒤집어야 한다

시드니에서 부쳐 온 남자들의 이야기

졌지만 께름하거나 쓰라리지 않았다. 수만 명 홈팬의 일방적 응원 속에 치러진 결승전은 연장까지 가는 치열한 공방이었고 우리 선수들은 주눅들지 않고 포기하지 않으며 온 힘을 다하는 모습을 보였다. 준결승에서 옆줄을 물고 달리는 50m의 폭풍 같은 단독 질주 끝에 승점을 보탠 차두리는 좀 지쳐 보였지만 120분을 끝까지 뛰었다. 이 시합을 마지막으로 태극 유니폼을 벗는 지친 맏형에 대한 배려였을까. 공은 그가 맡은 오른쪽보다 김진수가 맡은 왼쪽에서 많이 놀았다. 호루라기가 울고 패배가 아쉬워 울먹이는 후배들을 안고 토닥이는 차두리의 모습이 흐뭇하다. 까짓 준우승이면 어떠랴.

딱히 장비가 필요한 것도 아닌 것이 공간도 마땅한 제한을 둘 것 없다. 오로지 '공' 하나만 있으면 발끝으로 이리저리 몰아 상대편 '골' 안에 차 넣으면 되는 것이 축구다. 월드컵이 올림픽을 능가하는 세계인의 '놀이'가 된 연유가 그래서일 것이다. 부자 나라건 가난뱅이 나라건 땅바닥만 있으면 시도 때도 없이 벌어지는 아이들의 놀이인 이것을 특화한 것이니 말이다.

주로 풀만 먹으며 맨땅에서 남루한 '베신'을 신고 공을 차던 아이들이, 타고난 체격에다 잘 먹어 다져진 체력으로 잔디 위에서 '축구화'를 신고 공을 놀던 아이들과 맞붙으니 생긴 차이였을 것이다. 국가 대항전이 벌어지면 우리는 코 큰 아이들 따라잡는 것이 항상 버거웠다. 매우 어렵게 어찌어찌하여 상대의 페널티 구역까지 갔어도 덩치에 밀려 우물쭈물하다 공을 뺏기거나 아니면 턱도 없는 '똥볼'로 관중석까지 날리는 장외 홈런을 만들거나 하기가 일쑤였다. 그러다 얻은 기적 같은 승점도 희열의 순간을 누리기도 전에 너무도 쉽게 허물어져 실점하고 탄식한 것이 한두 번이던가. 쎄가 빠지게 쫓아다니면서도 성과가 없는 비효율의 축구. 생각 없고 꾀도 없고 기술도 모자라니 어렵게 넣고 쉽게 먹는 것이 당연한 귀결이었다. 2002년 월드컵의 기적 같은 4강 연후에 붙은 자신감은 기대감 또한 한껏 부풀려 놓았다. '붉은 옷'에 투사된 과도한 판타지는 지난해 브라질에서의 헛발질로 무참히 조각났다.

그 부침의 세월을 함께하며 이번 아시안컵까지 남은 선수가 차두리다. 시드니 시합 후 양팔을 치켜들고 작별인사를 하는 차두리의 '클로즈 업'된 얼굴에서 그리 흐른 세월의 흔적이 보인다. 축구판을 들여다보는 안목이나 기량은커녕 요량 없이 빠르기만 하기에, 그래서 차범근의 아들로만 여겨졌던 스무 살 차두리가 어언 은퇴할 나이가 된 것이다.

그러구러 우리는 체격도 탄탄해지고 체력 또한 여물어졌다. '난닝구'를 입고 뛰던 조기 축구팀도 멋진 유니폼을 입은 지 오래고 곳곳에 생긴 유소년 팀도 잔디 심긴 마당에서 축구를 즐긴다. 학연·지연에다 '돈'의 위력까지 얹혀져 수십 년 세월 동안 똬리 틀고 앉은 이른바 '협회'의 강고한 기득권이 병폐였다면 이제 그것도 점차 무디어질 것이다.

'연고' 따위와는 무관했던 영입감독 히딩크의 자유로운 선수선발 이후 실패의 과정을 거쳐 이제 '슈틸리케'까지 왔다. 이 콧수염의 독일 남자가 우리와 궁합이 맞나 보다. 자신감과 헌신을 이끌어낸 그의 지도력으로 비록 패했지만 갈채를 받는 결과를 얻은 것이다.

이정협, 김진현, 김진수의 활약은 출신이나 배경, 연고와 무관하게 열심히 연마하면 누구에게나 기회가 온다는 희망을 준 슈틸리케의 편견 없는 선수기용이 받은 박수이기도 하다. 그에게서 배울 것은 축구만이 아니다. 건투를 빈다.

2015/2

그들이 누구인지 기억해야 한다

20년 동안 천하를 주유하며 당대 최고 권력자들을 만나 자신의 정치철학을 전도하고 실행키를 설득하던 맹자는 끝내 자신과 배짱이 맞는 군주를 만날 수 없었나 봅니다. 그대로 사그라질 수 없는 노릇이라 남긴 회심의 한방이 그 유명한 책 〈맹자〉랍니다.

맹자가 제시한 어질고 훌륭한 왕의 실천 덕목 중 여민동락與民同樂이 있습니다. 그가 생각기에 왕이란 백성과 더불어 국가를 구성하는 한 주체일 뿐입니다. "왕은 다만 백성에게 통치권을 위탁받았을 뿐인 똑같은 사람이다. 따라서 평등한 관계에서 백성과 함께 누릴 수 있는 즐거움을 말하고 행하는 것이야말로 가장 바람직한 군주의 마음가짐이다."라고 생각하는 것입니다. 하지만 고금을 막론하고 권력이란 휘두르고 내지르는 맛으로 누리는 것인바 목숨 걸고 권좌에 오른 이들이 호락호락 그 말을 들었을 리 없습니다. 2500여 년 전 손짓 하나로 열명길로 떨어지게 할 수 있는 서슬 퍼런 권력에다 대고 저런 간 큰 멘트를 날렸다니 놀라울 뿐입니다.

홍준표 지사도 일찍이 맹자께나 읽었던지 경상남도의 시책에 맹자 말씀이 낭자합니다. 붉은색 바탕의 플라스틱 카드 중앙에 '여·민·

동·락'이라 쓰인 물건도 있습니다. '여민동락' 카드는 경상남도가 서민 자녀의 교육지원을 하겠다며 발급한 복지카드를 말한답니다. 어려운 서민 가계에 가중되는 자식들 교육비 부담을 덜어주겠다는 것입니다. 기특한 일입니다. 홍 지사가 부르대는 '용' 타령의 구체적 실천행으로 경남 곳곳을 '용' 나오는 개천으로 만들 요량으로 뿌리는 밑밥인 셈이니 말입니다. 반대할 이유가 없습니다.

하지만 모두가 알다시피 이 돈은 아이들이 먹는 점심값을 빼앗은 돈을 재원으로 하고 있습니다. "이건희 손자에게까지 공짜 밥을 줄 것이 아니라 그 돈으로 정말 어려운 사람을 돕겠다."는 논거는 일견 고개가 주억거려지는 달달한 말입니다. 하지만 그 맞은편에 선 아이들에게 찍히는 낙인에 비할 바는 아닙니다. 그것은 오세훈 이래 지루하게 이어진 논쟁이었고 박근혜 후보가 복지공약으로 채택함에 좌우가 인정하는 정책으로서 이미 아귀가 지어진 일이었습니다. 진주의료원 폐쇄에 이어 무상급식 폐기논란으로 홍준표 지사는 일약 뉴스의 중심에 섰습니다. 그가 용꿈을 꾸며 습자지에 '여민동락'으로 붓춤을 췄을지언정 경남도민 노릇엔 모욕감을 느꼈습니다.

여민동락이란 것의 덩치가 만만찮은지 이 사업을 하려면 도비 30%, 시·군비 70%를 부담하게 되어 있고 경남도와 시·군마다 관련 조례를 만들어야 한다고 합니다. 경남도의회는 지난 3월 19일 관련 조례안을 통과시켰지만, 진주시의회는 21일 임시회 본회의를 열어 이 조례안을 '부결' 처리했습니다.

여당 일색의 지방정부, 의회에서 소수 무소속 의원들의 분투로 이 안건이 저지된 것은 놀라운 일이었습니다. 선관위 컴퓨터 시스템을 다운시키질 않나 포클레인으로 파출소를 작살내질 않나 묻지 마 살인에 대형 교통사고에 이르기까지 뉴스에 나오는 부정적 '진주'에 속상했는데 뿌듯했습니다. 경남에선 최초의 일이라 하고 다른 시군에 영향을 미칠 수 있는 의미 있는 일이라 하였습니다.

급식비 부담을 안게 된 엄마들의 반대시위와 나빠진 여론, 그리고 도지사의 검찰소환 등으로 각 시도의 의회가 조례제정에 소극적 태도를 보이는 가운데 진주시 의회가 한 달 전 부결된 서민자녀교육지원 조례를 다시 꺼내 전격 통과시켰답니다. 새누리당 소속 의원들이 일치단결하여 무소속 의원들의 허를 찌르는 훌륭한 연출력을 보였다 합니다. 경남 최초라니 꼴통도시의 영예를 되찾아온 셈입니다. 강민아 의원을 비롯한 무소속 의원 여섯이 항의 단식에 들어가고 학부모 대표들이 함께 굶는답니다.

오늘 시의회 홈페이지에 들어가 봤습니다. 의원 하나하나의 얼굴을 들여다봤습니다. 하도 국회의원짜리들이 지랄들을 하는 통에 소홀히 봤던 얼굴들입니다. 제안컨대 오늘의 이 얼굴들을 반드시 기억했으면 합니다. 우리의 고만고만한 이웃인 그들이 '의원나리'가 된 걸 기화로 우리의 삶을 함부로 재단하고 결정하게 두고 볼 수는 없지 않겠습니까. 그들이 누리는 그 벼슬이 뉘에게서 온 것인지를 일깨워 줘야지 않겠습니까.

2015/3

너흰 뭐 먹고 살래?

도대체 '해먹은 것'의 양이 얼마인지 '설'만 무성한 전 정권의 비리가 하마 들춰지려나? 곡절 끝에 청문을 넘긴 이완구 총리가 취임 일성으로 비리 척결을 외치고 연이어 포스코 전 회장의 출국금지 조치를 보며 드는 생각이다. 무슨 연유인지 이 정부는 4대강 사업, 자원 외교의 과정에서 제기되는 구린 배경을 엇비껴가기만 한다. 사업비 명색으로 들먹여지는 액수가 백억, 천억이 예사다. 배고파 담 넘은 잡범들에겐 추상 같은 법이 큰 도둑에겐 굼뜨기 짝이 없다.

군대에서 쏟아지는 썩은 냄새 또한 진동한다. 1590억 원을 들이고도 뜨지 못하는 배, 백발백중 총알에 뚫리는 방탄복, 장교 아들과 함께 손잡고 해먹은 참모총장, 방산 업체와의 범죄적 교합 등이 뭉글뭉글 끝도 없이 밀려나온다. 천문학적 숫자의 국고를 털어먹어도 온전히 징계한다는 소리는 없고 흐지부지 넘어간다는 느낌이다.

뿌리가 깊다. 조선의 건국 초기부터 성종 무렵까지 실록을 뒤져 엮은 정구선의 〈조선은 뇌물 천하였다〉를 들춰보면 곧은 백 년이 몇 차례나 흘러도 '해먹는' 패턴은 별반 다를 것이 없다. 극심한 부패가 고려의 패망을 재촉했고 새 왕조는 그런 풍토를 크게 경계하여 뇌물을 주고받는 행위에 대해 강력한 조처를 하느라 했지만 '먹고 먹어 주는' 이 관계를 척결키는 어려웠나 보다.

세종실록엔 이렇게 쓴다. "고려 말의 폐습이 아직도 아주 없어지지 않아 지방의 수령들 가운데 뇌물거래를 하면서 법을 두려워하여 받지 않는 자도 있고 여벌로 남은 사소한 물건이라 하여 받는 자도 있고 마음에는 옳지 않은 줄을 알면서 거스르고 싶지 않아서 받는 자도 있고 드러나게 주는 것이 아니니 누가 알겠느냐 하여 달게 받는 자도 있습니다."

이렇듯 오랜 세월 동안 부패에 발을 담그지 않으면 살 수 없었던 역사와 문화를 가진 나라에 몸담은 이들의 비애랄까 가죽의 두꺼움이랄까. 어지간한 비리나 부정 따위는 '관행'을 운위하며 예사로이 여기는 암묵적 동조의 풍토가 있다. 덕분에 일상화한 청탁과 부패의 사슬에서 누구도 자유로울 수 없는 지경에 이른 것이다. 그런 의미에서 김영란 변호사의 입법 청원은 경화된 공동체의 혈맥을 짚어 부각시킨 절정고수의 한 수였다.

3월 3일 '김영란법'이 국회 본회의를 통과한 것은 놀라운 일이다. 이렇게 뚝딱 통과될 줄은 몰랐다. 우선 이 법을 주물러야 하는 국회의원부터가 가혹한 이 법안의 이해 당사자다. 거기에다 제 지갑 열어먹은 적 없는 술과 고기를 꼼짝없이 제 돈으로 해결해야 하는 처지로 몰린 '갑'들이 가세하면 저항이 만만찮을 것이라 여겼기 때문이다. 유흥업소, 고급음식점, 골프장, 백화점의 매출이 큰 폭으로 떨어져 내수경기는 침체할 수밖에 없다.

그러므로 내정자 신분의 이완구가 총리 자격을 따지는 기자들에게 "김영란법 통과시켜버리겠다!"라고 했던 발언이 의미하는 바는 크다. "그 법 통과되면 너흰 뭐 먹고 살래?"란 뜻이다. 이 나라의 주요 공직을 두루 섭렵한 자가 그 부패사슬의 한 축으로 서슴없이 '기자'의 면상을 가리키며 조롱한 것이다. 우리 사회는 언론을 향한 이 손가락질을 뼈아프게 받아들여야 한다.

국회 본회의 통과까지도 많은 논란이 있었고 이미 제기된 위헌 주장 등 기득권을 놓지 않으려는 완강한 저항이 있겠지만, 우리 공동체가 이 시점에 여기까지 합의에 이른 것만 해도 대단한 일이라 생각된다. 김영란 변호사가 새기고자 했던 법의 정신이 온전히 깃들기를 바라며 그 과정을 부릅뜬 눈으로 지켜볼 일이다.

2015/3

쪽지

근 스무 날째다. 날이 갈수록 파란이 가라앉기는커녕 꼬리를 물고 확산한다. 대엿새 입살에 오르내리다 사그라지기엔 망자가 겪은 세월의 더께나 연루된 면면의 중량이 만만찮아서일 것이다. 그는 전쟁의 와중에 태어나 초등학교 중퇴의 학력으로 세상의 갖은 밑바닥을 헤매다 입지전적 성공에 이른 사람이다. "줄 때는 겸손하게 받을 때는 당당하게"를 실천행의 신조로 삼은 것은 그것이 여측없이 세상인심과 부합함을 체득했기 때문일 것이다.

'돈은 만사를 달통케 한다'는 이치를 구현한 그를 이 나라는 손꼽히는 기업인, 정치인으로 키웠다. 72층짜리 건물을 홍보하는 패션쇼에 대통령을 '워킹' 시키는 수완이 어디에서 나왔겠는가. '돈이면 세상사 모든 것이 해결된다고 믿는 황금만능의 사고방식이 골수에 박힌 무식한 졸부'라고 비웃는 입들의 위선이 가소로울 뿐이다. 그의 성공과 파멸의 과정에, 만연한 부패에 젖어 둔감해진 우리 공동체의 방조가 정녕 없었던가 말이다.

국민 84%가 '성완종 리스트'를 사실로 믿는다는 여론이 발표된 가운데 진행되는 비리수사의 전개 추이가 그리 탐탁지는 않다. 돈을 줬다는 성 씨네 근거지와 측근은 탈탈 털리고 이미 두 명째 구속되었다는 보도가 있는 반면 그 돈 받아먹었다는 벼슬아치들에 대한 치죄의 기미는 없다. 거짓말 물 집어 먹듯 하던 총리만 자리에서 내려왔을 뿐이다. '미리 증거를 여물게 챙기느라 그렇다'라고 할 수는 있되 '인멸'의 우려는 양측에 공평히 적용해야 하지 않은가 하는 말이다.

'쪽지' 사건 발생 후 여야 공방의 전개과정을 지켜보건대 일을 꾸미고 응변해 나가는 능력에 있어 야당 명색은 죽었다 깨어나도 새누리당을 못 따라갈 것 같다. 죽기를 작정하고 폭로한 '수뢰내역과 대상'이란 본류는 슬그머니 뭉개 눙치고 외려 엉뚱한 꼬투리로 강력한 역공을 펴나가는 그들의 전략이 가히 눈부시다. "노무현 정부의 '사면'이 없었다면 이런 '참사'가 없었을 테니 그를 살려준 원죄를 파헤쳐야 한다"며 '사면 특검'을 하자고 펄펄 뛰는 그들을 보며 혀가 내둘리는 것이다.

우리 동네의 도지사가 그 '쪽지'에 이름이 올려진 것은 뜻밖이었다. 본시 누구의 계보에 편입되길 거부하고 단기필마로 휘달려온 그였기에 그 의지와 기상을 평가하여 이른바 '독고다이'라는 애칭까지 얻은 터다. 그런 그가 수뢰 혐의로 박통의 총애그룹에 나란히 거명된 것이다. 이완구와 함께 우선순위로 검찰 소환이 거론된 요 며칠 사이 말수가 뜸해졌다. 아이들 점심을 뺏고도 눈을 부라리며 '개천의 용 타령'을 하더니 얼핏 텔레비전에 비치는 얼굴에 가득 수심이 비친다. 줄을 제대로 서서 구령에 맞춰야 '훗빨'이 있으니 도지사의 눈짓 하나로 일사불란하게 '유상급식'을 통과시키던 도의원 명색들의 안색도 조금은 변한 듯하다.

홍준표 표 '개천의 용' 프로젝트인 〈서민자녀지원조례〉는 기초지자체 별로 의회 통과가 되어야 하는 것이란다. 도내 최초로 지난 20일 진주시의회에 발의된 서민자녀지원조례는 해당 상임위에서 부결되고 본회의 통과도 무산됐다. 새누리당 일색의 의원구성에 맞선 강민아 의원을 비롯한 소수의 반대파 의원과 무상급식 지키기를 외치는 엄마들의 시위가 이들의 하향식 결정에 제동을 건 것이다. 거기 덧붙여 위태로운 도지사의 '자리'도 한몫을 하지 않았을까 한다.

조그만 동네서 이런저런 밥벌이를 하다가 '의원'이 된 이들의 거수로 세금의 용처가 정해지고 그 결정이 바로 이웃의 '삶'이 된다. 당연히 '의원'은 그 이웃의 이익을 위해 복무해야 함에도 공천권을 손에 쥔 자들의 수족이 되어 턱도 없는 정책 결정의 거수기가 됨은 모두 자존심을 다치는 일이다. '쪽지' 사태가 우리 동네를 혼란으로 몰아넣은 아이들 '밥' 문제의 전향적 해결을 위한 계기이길 기대해 본다.

2015/4

손석희가 해쓱하다

앵커 손석희에게 타격이 가해진다. 성완종 씨가 남겨놓은 쪽지가 정국을 강타한 여파다. 쪽지에 거명된 이들은 모두 권력의 지근거리에 있던 사람들이다. 고인의 바지 주머니에서 나온 이 쪽지는 경향신문이 통화 사실을 공개하지 않았더라면 하마 세상에 나와 빛을 볼 수 있었을지 의문인 물건이었다.

왼고개 치고 '택도 없는 소리'라며 허허거리던 그들(메모지 속의 등장인물)의 표정이 굳어진 것도 경향의 후속보도 때문이었다. 여덟 중 일곱이 대통령의 수족이고 나머지 1명도 여당의 대표로 지내다 까짓 '지방의 수령을 건디며' 대권을 넘보는 자이다.

죽기를 작정한 '폭로'를 다루는 경향의 태도는 영리했다. 50분 분량의 녹취물을 5·6분만 까고 당사자가 오리발을 내면 또 꺼내 반전시키는 전략이다. 어떤 패를 들고 있는지 알 길이 없으니 권부는 우왕좌왕하다가 마침내 초조함을 노골적으로 드러낸다. 검사 출신의 여당 의원이 준엄하게 뒤축을 굴리며 말한다. "경향신문이 아직 검찰에 음성 파일을 제출하지 않고 있다. 중요한 증거인데 일부가 삭제되거나 하면 곤란하다. 검찰이 빨리 달라고 촉구를 해서 받지 못하면

(압수수색을 통해) 확보해야 한다." 녹음된 전체 내용을 모르니 대책을 세우기 무지 갑갑하다는 고백인 것이다.

경향으로서도 마냥 쥐고 있기에 부담스러우니 채근하는 검찰에 녹음테이프를 넘겼다. JTBC가 8시 뉴스의 2부에 녹음내용을 공개한 것이 그날 밤이다. 날이 새면 녹취를 풀어 기사화할 경향에 앞서 전문공개를 결행한 것이다.

그날의 시청 소감을 더듬으면 손석희 앵커가 "이 녹취물은 저희 JTBC가 단독으로 입수한 것입니다"라고 했던 멘트. 성 씨와 경향 기자의 대화 내용을 옮긴 자막의 씽크가 맞지 않았던 점. 예상했던 것보다는 중량이 미진했다는 느낌 등이 잡힌다. 손 앵커의 말대로 성 씨와 경향신문 부장과의 통화내용이 경향이나 검찰에서가 아니면 대체 어떤 입수경로가 있단 말일까. 그 점을 유난히 강조하는 것은 기사 기득권을 가진 경향을 의식해서인 것 같은데 어차피 경향이 내일 기사화할 거라면 그 후에 보도해도 되지 않았을까? 그러면 경향의 특종도 존중해주는 격이 되고 또한 저리 조잡한 제작을 피할 수가 있었을 텐데. 내장된 폭발력이 그렇게 엄청나지도 않은데 말이다. 혼자 그리 구시렁거렸었다.

아니나 다를까, 남의 특종을 훔쳐 터뜨렸다며 JTBC의 비윤리성과 어긋난 상도의에 대한 꾸짖음이 자못 준엄하다. JTBC란 방송사를 겨냥했다기보다 사장 손석희에 조준된 비난이 여기저기서 쏟아진다. SNS에선 "내 그럴 줄 알았다", "본성을 드러낸 것이다", "한계를 보인 것이다" 등 독한 말들이 날아다닌다. 주로 진보 진영에서 날아오는 포화다. 맞다. 과정도 옳아야 하니만치 이번 일은 욕 좀 먹어 싸다. 보도 윤리보다는 남다른 걸 얻어 앞다퉈 보도해야 살아남는다는 잇속이 작동한 것이 내 눈에도 보인다.

그렇더라도 너무 과하게 두드려 패진 않았으면 하는 것이 이 소동을 지켜보는 속내다. 그나마 손석희가 있었기에 한국 언론이 '몰사'에 이르진 않았다 여기는 까닭이다.

그 와중에 벌이는 이 나라 보수 언론의 행태는 가관이다. "성 씨에게 돈 받아먹은 것이 그 여덟 명뿐이겠는가. 야당도 연루된 정황이 있어 조사하고 있다더라"는 검찰 발 기사를 내건다. 이어 새누리당은 "보도에 의하면"을 달아 보궐선거 유세장에서 나발을 분다. "우리만 먹은 게 아니라 저쪽도 먹었다"는 것으로 물을 타는 것이다. 검찰이 사실관계를 부인해도 아랑곳없다.

주루룩 채널 늘어선 종편은 이 확인 불명의 뉴스를 확대 재생산한다. 정치평론가란 이름을 단 건달들이 온종일을 이리저리 옮겨 앉아 궤변으로 일방적 역성을 들며 여론몰이를 하는 것이다. KBS, MBC, SBS, YTN, MBN을 비롯한 이 나라 방송 매체 모두 같은 소리를 낼 때 그 맞은편에 손석희가 있었다. 내가 7시 59분에 자명종을 맞춰둔 것은 그가 이 어지러운 시절을 견디게 하는 '박하'이기 때문이다. 그런 그가 오늘 보니 해쓱하다.

2015/4

아몰랑!

TV를 통해 수도권의 전염병 소동을 들여다보며 볼멘소리로 구시렁 거리면서도 여유가 있었던 것은 내 코앞에 당도하기엔 아직 이른 멀 찍한 강 건너의 불구경이었기 때문이었을 테다.

4일 인근 사천에서 메르스 의심환자가 생겼다는 말을 듣는 느낌은 불이 발등에 떨어진 것이었다. 나누는 인사가 '메르스'가 된 이웃들 도 긴장하는 모습이 역력했다. 다행히 하루가 지나 보고된 검사 결 과 음성 환자로 밝혀져 모두 한숨을 내쉬었지만 다만 도계를 넘어오 지 않은 것일 뿐 불안은 여전했다. 아니나 다를까 자고 일어나니 밤 새 확진 환자가 14명 늘었다는 반갑잖은 소식이 들리고 이제 부산까 지 왔다 한다.

환자 발생 19일 만에 뚱딴지같이 '긴급 대책'을 발표한다기에 TV 앞 에 앉았다. 궐위의 총리를 대행하는 부총리가 외국 방문 일정을 접 은 채 달려왔다. 예고한 회견 시각을 한 시간이나 넘긴 후 나와서 읽은 것은 환자가 발생한 6개 병원과 환자가 거쳐 간 18개 병원 등 총 24개 병원의 명단이었다. 왜 저걸 저리 쥐고 앉아 온갖 근심을 더 돋웠을까. 평택과 수도권의 병원 다수가 포함됐지만 더 들여다보

면 감염 확산의 요처인 삼성서울병원의 공개 여부가 정부의 근심이
었던 듯하다. 보고 앉았으니 좀 어이가 없다.

초기에 노란 옷(비상사태가 일어났을 때 벼슬아치들이 단체로 입기
로 했나 보다) 입은 사람들이 마이크 앞에 나와 "별것 아니다"라고
흰소리를 쳤었다. 심지어 "마스크도 할 필요가 없다"고 했다. 잇따
라 등장하는 뉴스 속 '노란 옷짜리'들이 근엄한 표정으로 숫자들을
나열했지만, 동나는 것은 마스크와 소독약이었다. 과묵한 대통령의
메르스 언급은 발생 14일 만이었고 자자한 원성에 떠밀린 듯한 병원
방문은 확진 환자만 무려 50명에 이른 17일째 되는 날이었다. 대통
령도 하마 나처럼 강 건너 불구경하는 심사였을까.

역병이 돌아도 정부란 것이 쉬쉬거리며 노란 옷만 펄럭거리고 다닐
뿐이다. 사명감 있고 대찬 민완기자가 속속들이 헤집어 등을 긁어주
는 것도 아니니 기댈 데도 믿을 곳도 없다. 정보력이 정보부 못잖다
는 '대치동' 학원가가 바짝 긴장해 문을 닫고서야 사태가 심각한 것
을 느낄 뿐이다. 허둥대는 정부를 비웃듯 역병은 창궐 기세다.

이 와중에 SNS에서 발견한 두 개의 코드는 '그럼에도' 기죽지 않는
발랄함과 '살아 있음'이었다. 그 하나는 '메르스 확산지도'이다. 치료
제가 없다는 신종 전염병이 돌고 있는데 두렵지 않을 사람이 있겠는
가. 적이 누구인지 어디에 있는지 알 수 없을 때 증폭되는 것이 공포
다. '메르스 확산지도'는 그 공포를 직면케 하는 백신이었다. IT 기업
'데이터스퀘어'가 만든 이 프로그램은 일부 언론이 공개한 메르스 확
진 환자 사망 병원과 시민들이 제보한 감염 환자가 다녀간 병원을

구글 지도 위에 표시했다. 한눈에 상황이 가늠되며 새로운 제보에 의해 업그레이드된다. 능동적 집단지성의 발현이니 보기에 놀랍거니 와 든든하다.

또 다른 하나는 '아몰랑' 타령이다. 이 생면부지의 단어를 뒤쫓아 가 보면 '아, 몰라'라는 말 뒤에 'ㅇ'을 붙인 신조어다. "아, 나로서는 잘 몰라!(딱히 근거도 없지만 이쯤 말했으면 알아서 알아듣고 공감을 해 줘야지 왜 꼬치꼬치 캐물어?)"라는 의미란다. 이를테면 논쟁을 벌 이다가 더는 논리로 이길 자신이 없을 때 '아, 몰라' 하고서 휙 돌아 서서 싸움을 끝내버릴 때 쓰는 말이란 것이다. 정부의 비밀주의와 늑장대응으로 비화된 사태임에도 유언비어 강력 단속, 엄단, 엄벌 등 의 용어로 윽박지르는 한심한 벼슬아치들에게 날리는 조소다. 우울 한 소식의 와중에도 시시각각 변주되는 이 배꼽 잡는 유머 코드를 뒤지며 이 어이없는 시절을 웃는다. 창궐하는 전염병이 두렵고 정권 의 무능은 더 소름 돋지만 그럼에도 이 역경을 헤쳐나갈 지혜로운 '우리'를 믿는다.

2015/6

벌레

PC 뱅킹 프로그램의 작동 오류로 속을 썩이다가 해당 은행의 전산 전문가와 통화 끝에 그가 직접 개입해 문제를 해결한 적 있다. 이른 바 '원격제어 프로그램'을 사용한 것이다. 그것은 내 개인용 컴퓨터의 작동 권한을 천 리 먼 곳의 '그'에게 위임해 조작게 한다는 뜻이다.

이상한 기분이었다. 내 손은 턱을 괴고 있는데 모니터 속의 마우스 커서가 현란하게 움직인다. 내 과거의 궤적과 현재의 정서, 정치적 지향과 취향, 은밀한 욕망과 주변과의 자잘한 관계가 고스란히 담긴 그 폴더와 파일이 '보이지 않는 손'에 의해 건드려지는 것이다. 의뢰인인 내가 지켜보는 중이고, 전자금융에 관계된 특정 프로그램의 파일과 연결 장치를 만지는 제한적 기술행사였지만 온몸이 발가벗겨지는 듯한 느낌이었다.

국가범죄의 은밀하고 음습한 치부를 파헤치는 '털기 전문'의 의적으로 국제적 명성이 자자한 '위키리크스'가 세계 각국에 인터넷 감시 프로그램을 판매해 온 이탈리아 업체 '해킹팀'의 내부 비밀자료를 되레 해킹하여 공개했다. 감시 프로그램을 사들인 수십 개 나라와 기관의 목록이 열거돼 있는데 그 속에 코드명 'SKA^{South Korea Army}'와 고객명 '5163 Army Division'도 등장한단다. 5163부대는 국정원의 대외용 명칭이라 하고 주소 또한 같은 곳이라고까지 언론이 떠들어대니 도리 없이 그 물건 사 왔노라 국정원이 시인했다.

대체 그 물건의 업무수행 능력은 어느 정도인지 궁금하던 차에 'RCS_{리모트 컨트롤 시스템}'라는 은밀한 수입품과 같은 구실을 하는 프로그램으로 시연하는 모습을 '손석희 뉴스'가 보여준다. 보노라니 놀랍다. 이건 데스크톱에서 원격제어 프로그램으로 하드디스크나 뒤지는 것과는 급이 다른 다재다능한 악질이다.

이 벌레_{스파이웨어}의 숙주는 휴대전화다. 이 나라 장삼이사 대부분이 밤낮으로 손에서 놓지 않는 스마트폰 내부를 샅샅이 들여다본다. 실시간으로 감청 가능한 것은 물론 보이지 않는 손에 의해 그 움직임이 사진 찍히고 녹음되는 것이다. 전원만 끄지 않는다면 화면이 꺼진 상태에서도 24시간 내내 개인의 일거수일투족을 들여다볼 수가 있다니 그 살뜰한 기능에 머리끝이 쭈뼛 선다.

국가의 안녕과 번영을 위해 복무함을 존재 근거로 삼는 국가 정보기관이 그 목적을 이루기 위한 수단으로 선진 기술을 들여옴을 탓할 이유는 없다. 북한의 동정을 살피는 일이나 해외 정보를 파악하는 일의 막중함은 안보교육 여물게 받은 이 나라 시민 누구나 충분히 인식한다. 그럼에도 그 물건을 향한 눈길이 곱지 않은 것은 당연히 석연찮은 이전의 소행 때문이다. 지난 대선 당시 국정원, 기무사 등 국가기관의 선거 개입 사실이 엄연하고 그 일로 국정원장 하던 이가 시방 옥살이를 하며 최종심을 앞두고 있다. 우연치고는 용케 겹쳐지는 그 물건 구매 시기와 선거개입의 상관관계에 모눈을 뜨고 보는 것이 무리일 건 없다.

인터넷이 일상화한 것에 더해 이제 아예 손바닥 위에 거점을 만들고 시도 때도 없이 공간을 넘나드는 소통의 시절을 살고 있다. 사생활 노출에 대한 우려도 커졌다. 달라진 시대의 새로운 불안에 대한 두려움을 불식시켜주는 것은 당연히 국가의 몫이다. 그럼에도 되레 "국정원법을 철저히 준수하고 있고 우리 국민을 대상으로 그 물건을 활용한 바가 없다"라는 국정원의 해명을 들어야 하는 지경이 딱하다.

RCS 거래사실이 폭로된 근래 들여다본 이 나라 미디어 동향은 더욱 서글프다. 조선, 동아, 문화와 종편은 하나같이 이 사실에 대해 별다른 비판이 없다. 그들이 누굴 위해 복무하는지를 말해주는 태도다. 대신 모처럼 야당의 목소리가 들린다. 총선을 앞두고 깨지는 소리 더욱 낭자해 욕을 바가지로 먹고 있는 와중에 나오는 소리라 뜻밖이다. 밥값을 하는가?

2015/7

축구, 락페 그리고 전쟁놀이

밤새 협상이 타결되고 '공동보도문'이란 게 나왔다. 이 엄중한 민족사의 시린 마디를 보며 안도와 감개무량에 빠짐직 한데 실실 헛웃음이 나온다. 종편 방송에 나와 앉아 구겨진 얼굴로 '전쟁 불사'를 외치는 이들이 들으면 거품 물고 성토하겠지만 어쩌랴. 험하게 말해 까짓 종이 쪼가리 하나 만들려 그 법석을 떨었나 싶으니 좀 어이가 없을 뿐이다.

남북의 군부는 굳은 얼굴의 군복차림으로 한껏 전쟁 분위기를 연출하고 있었지만, 이 나라 장삼이사는 평소와 다름없이 먹고 살고 놀기에 열심이었고 이따금 TV를 흘겨볼 뿐이었다.

나라가 걱정되지 않아서가 아니다. 분단은 묵은 현실이고 우리는 이런 거듭된 상황에 모두 익숙해 있다. 물론 그렇지 않기를 바라는 이들도 있을 것이다. 그 간극이 너무 큰 것이 비극이고 또한 코미디일 뿐이다. 두 개의 에피소드가 있다.

1. 휴전선을 마주보고 선 대포부대에서 발사한 포탄이 날아다니고 남쪽에서는 대통령이 주재하는 국가비상대책위원회가 열리고 북에

서도 뚱뚱한 청년이 버티고 앉은 '비상확대회의'란 게 열린 것이 지난 20일이다.

그렇거나 말거나 21일 평양 능라도 5·1경기장에서는 남북 공동 주최로 제2회 국제유소년 U-15 축구대회가 개막됐다. 경기도 팀 유소년 선수들과 중국 '윈난성' 쿤밍 팀의 첫 시합을 연합뉴스는 이렇게 보도한다. "북쪽 주민들로 이뤄진 관중들은 경기도 팀이 골을 넣을 때마다 환호성을 지르며 마치 북쪽 팀이 이기고 있는 것처럼 즐거워했다. 이날 경기장에는 7만여 관중이 찾았다. 1층 본부석 맞은편에 빽빽이 들어찬 관중들은 금빛 막대기 모양의 응원 도구로 일사불란한 동작과 함께 구호를 외쳐 장관을 연출했다. 경기도 팀 선수가 슈팅 타이밍을 놓쳤을 때면 "에이~ 아까 찼어야지!"라며 안타까워했다."

2. 전라남도 구례에서 열리는 〈락 페스티벌〉에 가기로 맘먹고 입장권을 예매한 것은 열흘쯤 전이었다. 북한이 '준전시 상태'를 선포하고 대북 확성기 방송 중단과 시설 철수를 요구하며 48시간의 말미를 준 시한은 22일 오후 5시. 그 '락페'의 공연 시작 시각과 정확히 겹쳐졌다.

이 부조화를 감당하는 데 힘이 커였기에 아침엔 약간 황당했다. 공연히 채널을 오르락거렸다. 공중파는 시치밀 떼고 연속극과 개콘 재방송을 하고 있고 홈쇼핑도 브라 팬티 패키지와 도깨비 믹서기와 릴레이 팡팡 행사를 한다. 다만 종편은 세상의 모든 문제에 달통한 평론가들 사이에 탈북자에다 귀순자가 더해져 거품을 물고 있을 뿐이었다. 각본대로라면 대형스피커를 향해 대포가 발사되는 그 시각에 '락페' 오픈의 팡파르가 울리는 것이다. 마당을 메운 이들 둘러봐도 전쟁 날까 저어하는 눈치는 어디에도 없다.

"한반도에 전쟁이 일어나면 한·미 공군은 개전 초 '하루 총 2000회 이상'을 출격하여 북한 목표물 수천~수만 개를 공습하게 된다." 그리하여 북한은 "사흘 안에 완전 초토화된다"라는 '김진'의 주장에 기댄 것인가. 남쪽의 막장 종편엔 "보복, 응징, 단호함, 강력함, 전쟁" 등의 단어가 난무한다.

이에 뒤질세라 북쪽이 내놓은 '뉴우스' 한편이 압권이다. 북의 선전매체 '우리민족끼리TV'는 전쟁공포에 떠는 남조선을 버젓이 제조해 내보낸다. 라면·음료수 등 식료품을 사려는 사람들로 인해 아수라장이 된 백화점, 군 입대를 기피해 해외로 도망가는 공항을 비춘다. 심지어는 부산의 한 예비군훈련소를 이탈하여 달아나는 영상까지 가공한지라 유튜브를 통해 이를 본 아이들은 개콘보다 재미있다고 킬킬거린다.

사흘 안에 북쪽을 멸절시키면 그새 남쪽은 얼마나 죽을까. 그 주검 속에 '나'는 절대 담기지 않을 거라 믿겠지? '우리끼리'의 날조 비디오에 북조선 인민들은 영원토록 속을 거라 여기겠지? 헛것들에 들이는 비용과 희생이 너무 크다. 가슴 아프다.

2015/8

담을 치는 남강을 보며

남강 변을 한 바퀴 둘러봤다. 성문 앞 형평 탑에서 다리에 이르는 길가로 가림막이 처져 있다. 어른 키로 강을 내려다볼 수가 없을 정도의 높이다. 서장대 밑 분수공원이 내려다보이는 인도 옆도 얼기설기 그물망을 얽어나가고 있다. '배건네' 대밭 가엔 아직 차단의 기미가 없다. 임박해서 막겠다는 심산인가 보다. 차에서 내려 건너다본다.

촉석루는 의구하다. 강에는 이미 여러 형상의 등이 떠 있다. 서장대 쪽을 바라보니 어스름한 시간 시꺼먼 교복의 까까머리들이 문종이 바른 등 하나씩을 들고 강가에 줄지어 등을 띄우던 시절의 모습이 떠오른다.

좀 구시렁거려 본다. "길을 막고 물어볼 일이다. 이게 시방 말이 되는 짓인지."

이 강이 언제부터 생긴 강이고 예술제 생긴 것이 또 언제인데 그걸 내려다보지 못하게 울을 친단 말인가. 시 당국이 주장하는 '재정자립'이 개무시할 뜬금없는 소리는 물론 아니지만 강을 가리고 '놀이'

를 하겠다는 이 발상은 좀 어이없다.

'지방자치' 시대의 폐단 중 가장 꼴불견이 동네마다 껍데기만 호화롭게 지어 올리는 예술회관과 세 발만 지나면 엇비슷하게 치르는 후줄근한 '축제'더라.

물론 개천예술제는 연원부터가 그것과는 달랐다. 1948년 정부수립을 기념하기 위해 그 이듬해 개천절에 개최한 것을 시작으로 쌓아온 역사가 있다. 봄 되면 진해에서 처음으로 열리는 군항제에 난전을 벌이던 보부상들이 전국의 장마당을 돌다가 마지막 곰뱅이를 틀던 곳이 진주의 남강 가였다. 그때는 음력으로 시월 삼일에 맞췄던지라 추수를 끝낸 산청, 함양, 거창, 남해, 사천, 고성 하동의 인근 '백성'들이 구름같이 몰려드는 큰 구경거리였다. 더불어 예술 분야의 경연도 전국구를 빨아들이는 명성을 누렸다.

지방자치시대가 열리고 경쟁적으로 '축제'가 넘치니 그때의 영화는 시르죽고 이제 식상해지는 그것을 되살리려는 진주의 고민이 있었다.

진주시가 남강과 진주성을 엮은 스토리텔링으로 '유등'을 특화하고 예술제와 연동해 덜 추운 시월로 당겨 열고 홍보에 공을 들여 마침내 성공적인 지역축제로 만든 것은 대단한 성과였다. 그래서 시월, 청청한 하늘 아래 유서 깊은 진주성과 남강 가에서 벌어지는 이 잔치는 고달픈 곡절의 와중에도 진주 사는 즐거움이고 자랑이었다.

오늘, 빙 둘러 강을 막겠다고 얼기설기 엮는 파이프를 보며 혀를 찬다. '돈' 물론 중요하다. 하지만 거둔 돈을 어디에 우선해서 쓸 것인가를 결정하는 것이야말로 우리 삶의 질을 재는 '자'이지 않은가.

축제를 왜 하며 대체 그 축제의 주인은 누구인지 묻고 싶다.

2015/9

진주에서 벌어지는 '축제'를 보며

개천예술제의 시작은 가장행렬부터였다. 군복에 칼날 같이 줄 세우고 바짓가랑이에 쇠 구슬 찰랑거리며 해군 군악대가 선두에 서고 '가장행렬' 패가 비봉산 아래 진주중학교에서 쏟아져 나온다. 진주성을 지킨 삼장사와 군관민이 창칼을 쥐고 위세 좋게 앞장선다. 처연한 아름다움을 자아내는 것이 '콘셉트'인 논개와 기생들의 행렬이 뒤따른다. 그 뒤론 눈썹을 치뜨게 그린 왜군이 밉살맞은 표정으로 '게다'를 신고 거드름을 피우며 따른다. 경연을 위해 전국에서 온 고등학교 악대부가 행렬의 주제가 전환되는 마디에서 절도 있는 행진과 연주로 흥을 돋운다.

'중앙, 금성, 인사, 봉곡'이라 이름 붙인 네 개의 로터리를 중심으로 만들어진 도심의 가운데를 네모지게 도는 것으로 끝나는 이 '가장행렬'은 예술제를 여는 첫맛이었다. 대처에 나갈 일이라곤 별무하니 이렇다 할 구경거리가 없던 진양, 산청, 사천, 함양, 하동, 고성의 농부들이 이제 막 가을걷이를 끝내곤 새벽밥 지어먹고 진주로 몰려 길가를 빼곡히 메우고 섰었다.

가장행렬이 끝나면 사람들은 진주성 아래,의 남강변으로 이동한다.

뭐니 뭐니 해도 예술제의 맛은 난장에 있거든. 전국에서 몰려든 보부상의 후예들이 강변서 난장을 펼치면, 여태 듣도 보도 못하던 물건들이 순식간에 좌판마다 더미더미 쌓인다. '새 점' 보는 할마시에, 몽환적인 색깔의 동물 그림에다 이색진 이름씨를 그려주는(혁필) 할배에다, 박수치고 발 구르는 호객질에, 누더기에 가위질 현란한 각설이 엿장수의 타령 소리에, 그 틈에서 팽이질을 하는 야바위꾼에, 자릴 놓고 벌이는 쌈박질 소리에…. '물산'이 흐르느라 굽이지는 이랑마다 나와 앉은 저들의 몸짓과 소리야말로 살아있는 것이었다. 공원의 가설무대와 여고 강당에서 겨루는 이른바 '예술'이란 것이 아무리 고결하다 한들 강변의 난장에서 벌어지는 이 펄펄 뛰는 '살아 있음'에 어찌 견줄 수 있으랴. 북새통을 이루는 그 틈으로 어슬렁거리다 보면 오래 못 만났던 '사람'을 만나기 마련이다. 구석구석에 전을 벌이고 있는 먹자판은 그걸 위해 맞춤한 것이다. 둘러서서 출출한 배를 채우고 말광대(서커스를 그리 불렀다) 한 편 보는 재미야말로 예술제를 보는 둘째 맛이다.

어스름해지면 시꺼먼 교복을 입은 단발머리와 까까머리들이 학교마당에 모인다. 철사에 종이 붙여 바른 '등' 하나씩을 들고 시가행진을 나서는 것이다. 늦가을 바람에 촛불이 꺼지고 불이 붙어 비명을 지르고 까르륵거리며 촉석루 아래 '의암' 곁으로, 서장대 아래로 내려간다. 옛사람들을 기리며 혹은 염원을 담아 남강에 등을 띄우는 것이다. 이른바 '유등'이다.

그 모두 기억 속에서나 추억하는 맛이다. 환갑, 진갑 다 넘긴 전통을 자랑하던 개천예술제도 '지방자치' 이후 세 발만 떼면 벌어지는 후줄근한 '축제'들에 둘러싸였다. '벤치마킹'이란 현란한 용어를 앞세워 앞의 것들을 마구 베껴 조잡한 아류들이 생기니 예전의 영화는 시르죽었다. '진주'는 식상해지는 묵은 '축제'를 되살리려는 지난한 고민의 과정이 있었다.

진주시가 남강과 진주성을 엮은 스토리텔링으로 '유등'을 특화하고 예술제와 연동해 덜 추운 시월로 당겨 열고 홍보에 공을 들여 마침내 성공적인 지역축제로 만든 것은 대단한 성과였다. 그래서 시월, 청청한 하늘 아래 유서 깊은 진주성과 남강 가에서 벌어지는 잔치는 고달픈 곡절 와중에도 진주 사는 즐거움이고 자랑이었다.

그런데 올해, 진주시가 재정자립을 이유로 유등 행사장인 강가에 가림막을 치고 입장권 없이는 남강을 볼 수 없게 했다. 어이없는 짓이다. 시민적 자존심에 상처를 입힌 나쁜 행정이다. '돈'이 되게 하자는 발상에서였겠지만 그보다 먼저 살필 것은 '시민의 마음'이지 않은가. 축제는 왜 하며 누굴 위해 하나. 세상엔 '돈'과 바꿀 수 없는 것도 있다.

2015/10

신나는 중계방송

국체가 민주공화국이긴 하나 건국 이래 오랫동안 '대통령'은 지체 높은 '나라님'이었다. 대통령이란 '직임'이 국민 중 선출된 한 사람이 맡은 한시적 직분일 뿐이라는 일깨움은 민주화의 과정을 통해 비로소 거둔 수확이었다. 그러므로 대통령 된 이는 국가의 최고지도자에 부여된 '권위'는 가지되 '권위주의'에서는 벗어남이 마땅하다는 인식 또한 신선한 것이었다. 이대로 가면 "모든 권력은 국민으로부터 나온다"는 법전 속의 글귀가 현실로 기어나올 수도 있겠다는 기대도 생겼었다.

그런데 '약속'을 금과옥조로 여기던 외유내강의 여성 정치인이, 대통령이 되고 나선 국민을 대하는 태도가 나빠졌다. 국민의 뜻이야 어떻건 제 주장만 넘치는 것이다. 화사하게 웃으며 내걸었던 예전의 공약은 모르쇠로 일관한다. 항상 화가 나 있는 듯 어조는 단호하고 표정은 굳어 있다. 웃는 모습이라곤 비행기 트랩에 올라 손 흔들 때나 코 큰 이들과 만나는 그림에서나 이따금 볼 뿐이다. '국민과의 대화'는커녕 기자들과의 대화조차 없다. 대통령이 일방적으로 제 할 말만 하고 질문을 허용치 않아도 항의하는 기자 명색은 없다. 세월호 이후 기자는 아예 '기레기'로 불리는 판국이다. 야당이라고 있는 것은 제 밥그릇 지키느라 국민 따윈 안중에도 없다.

이렇듯 들어주는 곳도 하소연할 곳도 없는 시민이 거리로 나서는 것은 당연하다. 저 멀리 농민항쟁, 형평운동이나 3·1, 4·19 이후 길바닥에서 맞고 깨지고 죽고 했던 선배들 덕에 이만큼이라도 사람값이 오른 것이다. 멈출 수 없는 빛이다. 그날, 시위대는 차벽 안에 있었다. '차벽'이란 것이 참으로 효과적인 '가둠쇠'다. 시위대를 완벽하게 에워싼지라 그 곁을 지나는 무수한 통행차량에서는 그 벽 안에 가두어진 사람들이 무슨 주장을 하는지 도무지 알 수 없다. 집회가 열리면 그 집회의 목적이나 주장과 열기가 대중 일반에 전달되지 않게 하려는 정부 측 대응 태도에 명확히 부합하는 처방이다. 운집 규모를 두고 섭천 소도 웃을 황당한 '경찰 측 추산'이 나오는 것도 그런 연유다.

도심에 수만 명이 모여 함성을 질러도 이 나라 방송사들은 무덤덤하다. 누가 왜 시위를 하며 무엇을 주장하는지에 대한 심층보도는커녕 뉴스로 다루는 것조차 인색하다. 틈새를 비집고 나선 아프리카TV, 미디어몽구, 오마이뉴스 등 인터넷 방송의 버퍼를 감내하며 현장 소식을 더듬을 뿐이었다.

그런데 그날 'TV조선'과 '채널A'가 생중계를 하는 것이다. 목 좋은 곳에 자리잡고 시위 현장을 중계하는 저들의 모습을 보며 경악했다. 벌건 자막은 '시위대 쇠파이프 휘둘러,' '시위대 사다리로 경찰차 파손' 등이 겨끔내기로 올라오고 신이 난 꼴통 패널은 위수령 발동의 필요를 말한다. 이후 상황은 예상대로다. 불법 무력, 복면 쇠파이프,

차량 파손, 경찰 부상, 엄단 등이 상징어로 떠오른다. 엄청난 수압의 물대포를 맞아 생사의 기로를 헤매는 백남기 씨의 중상 원인조차 '빨간 우의'가 저지른 의도된 자해라 한다. '민중총궐기'의 고갱이는 흔적도 없이 날아가고 그 자리에 '폭도'만 남았다.

SNS에 올라온 19일 자 뉴욕타임스NYT 사설을 보며 마치 송곳에 찔린 느낌을 받았다. 그것은 내 땅에서 벌어지는 일을 외국 신문을 통해서야 뜨문뜨문 알 수 있던 시절이 재현되는 기시감이었다. NYT는 이렇게 썼다. "지난주, 수만 명의 한국인들이 두 가지의 억압적인 정부 조처에 항의하기 위해 거리로 나왔다. 하나는 한국의 교육자들이 독립적으로 선택할 수 있는 역사 교과서를 정부가 발행하는 교과서로 대체하려는 것이다. 다른 하나는 한국의 족벌 대기업이 노동자들을 더 쉽게 해고할 수 있도록 노동법을 개정하는 것이다."

밖에서 보는 시선은 저리도 명징한데 우리네 눈앞은 혼탁하다. 이 어이없는 퇴행의 전위에 '나쁜 전달자'가 배를 두드리고 있음이 자명하다.

2015/11

장지필 선생을 떠올리며

서울시청 앞 광장은 반으로 나뉘었다. 경찰통제선 안에서는 '퀴어 문화 축제'라는 성 소수자들의 집회가 열렸고 잔디광장 밖에서는 동성애 혐오 단체들의 규탄 시위가 극렬했다. 생뚱맞은 부채춤과 뜬금없는 포크댄스를 곁들여 "동성애가 우리나라의 전통 미풍양속을 해치고 공동체를 붕괴시킬 것"이라며 성토했다.

TV가 비추는 시각도 곱들 않다. 청소년 성 의식 왜곡과 에이즈 확산이 우려된다는 반대자들의 주장을 전하는데 배경 그림이 불그데데하다. 성 소수자들이 벌이는 '퍼레이드'에 들이댄 카메라가 외국인 참가자의 '벗은 몸'에 오로지 초점을 맞추는 양이니 그 선정적 시선에 눈살이 찌푸려진다.

축제 마당은 그러나 평화롭다. 모멸을 견디며 16회째나 끌어온 연륜의 힘인가. 분야별 '부스'에는 세상과 소통하고 섞여 '살아보자'는 그들의 소망이 빼곡히 차 있다. '하비 밀크'로부터 이어진 험난한 곡절의 과정이 있고 이들의 입장을 보듬고 격려하는 시민사회의 시선도 함께 있다.

부스 한쪽에 가로 걸린 현수막엔 이렇게 쓰어 있다.

'모든 사람은 그 누구나 차별받지 않고 평등하게 살 권리가 있다.'

「공정公正은 사회의 근본이고 애정愛情은 인류의 본령本領이다. 그런고로 아등我等은 계급을 타파하고 모욕적 칭호를 폐지하며 교육을 장려하여 아등도 참다운 인간이 되는 것을 기하는 것은 본사의 주지이다.」
-형평사 주지 중-

1923년 4월 진주 대안동에 모여 외친 백정들의 하소 또한 다를 바 없다. 갑오개혁을 통해 신분제도가 혁파되었다 하나 그것은 내부적 각성의 결과물이 아니었다. 자발적 의지의 발로가 아닌 외세에 의한 타율적 강제였으니 켜켜이 묵은 폐습이 여물고 맵짜게 혁신되었을 리 만무하다. 우금 30년이 흘렀으나 천민인 백정은 여전히 질시, 배제, 혐오, 차단, 천대의 구덩이에서 벗어날 수 없었다. 그들은 "우리도 사람이다"를 외치며 마침내 전복을 도모한 것이다.

형평사 창립의 주동적 인물에 관한 기록을 들여다본다.

「경남 진주군 진주면 대안동에 이학찬李學贊이라는 백정 출신 자산가가 있었다. 그는 자제를 교육시키고자 여러 차례 공·사립학교에 입학시키려 노력했으나 백정이라는 구실로 거절당하거나 혹 일단 허가를 받아도 백정자제임이 알려지면 주위의 배척이나 압력을 받아 중도에 퇴학하지 않을 수 없게 되어 사회의 몰이해를 원망하고 있었다. 때마침 일본 관서지방에서 수평운동水平運動이 활발하다는 소문을 들은 이학찬은 친구인 일반인 강상호, 신현수, 조선일보 진주지국장, 천석구 진주자작농회 간부 등에게 백정의 고충을 호소하여 이들의 찬동을 얻어 이들 및 같은 백정 출신으로 일본 명치대학 중퇴자인 장지필張志弼 등과 함께 1923년 4월 25일 진주에서 백정의 신분해방 운동단체인 '조선형평사'를 조직하게 되었다.」- 한국독립운동사 32권 형평운동(고숙화 저)-

백정을 도와 형평사 창립에 주도적 역할을 하고 '신백정'이란 칭호를 들으면서도 그들의 바람막이가 돼 줬던 강상호, 천석구, 신현수 등 눈뜬 시민운동가들의 앞선 의식은 놀라운 것이었다. 그들의 지지나 참여가 없었다면 형평운동의 성공은 꿈도 꿀 수 없었을 것이다. 그들이 내민 손의 정신은 존경받고 기억되어야 할 고귀함이다.

그러나 그중에도 떨칠 수 없는 안타까움이 있다. 가장 절실했을 것이고 그래서 투쟁의 전위에서 분투했을 당사자인 '백정' 자신의 기록은 없다. 그중 갖은 소설적 상상을 자아내게 하는 인물이 '장지필'이다.

「의령 사람, 메이지대 법학부 3년 중퇴, 형평사 창립멤버이며 초대 총무, 강상호와의 주도권 다툼으로 분화, 1935년까지 백정해방운동에 깊이 관여.」

장지필의 드러난 흔적이다.

1898년생이고 29세에 유학을 갔다는 기록이 보이기는 하지만 근거가 명확하지 않고 아귀도 맞지 않다. 형평사 창립이 1923년인데 역산해보면 그럴 리는 없는 것이다. 재야 역사학자 '이이화의 한국사에 기록된 생년은 1884년이다. 그는 어떻게 백정의 신분으로 일본 유학에 오를 수 있었으며 중도에 학교를 그만둔 이유는 무엇일까. 그는 일본 수평사와 어떤 관계였을까. 천민 신분으로 신학문을 접한 그의 심회는 어땠을까 등의 궁금증이 일지만 실증적 자료는 찾을 길이 없다.

「"우리는 다 같은 사람으로서 지난 모든 불합리한 제도에 희생이 되어 오랫동안 긴 한숨, 짧은 탄식과 비분, 흐느낌 속에서 원통하고 억울한 생활을 하여오던 백정이 아닌가? 우리는 횡포한 강자계급에게 밟히고, 깎이고, 발리며 천대를 받아오던 백정계급이 아닌가?

생각하여 보라. 우리는 그 악마와 같은 각색各色계급으로부터 무리한 학대를 받을 때마다 호소할 곳도 없이 부자 서로 붙들고, 모녀 서로 껴안아 피눈물이 흐르도록 얼마나 울었는가? 우리는 한 번 분기하여 이 골수에 맺힌 설움을 씻어내고, 선조의 외로운 넋을 풀어드리는 동시에 어여쁜 우리의 자녀로 하여금 오는 세상의 주인공이……. 궐기하라 백정계급아! 꺼리지 마라 백정계급아!"」 -동아일보 1923년 5월 8일자-

저런 격문을 양반 태생인 강상호, 천석구, 신현수가 썼을 리 없다. 통한을 품은 자만이 쏟을 수 있는 언어다. 장지필이었으리라.

'인권'이란 개념이 배태도 못한 시절. 신분해방과 차별철폐를 외친 천민들의 구호가 운동의 꼴을 갖추고 전국으로 퍼질 수 있었던 배경에는 잘 버무려진 성공 요소가 있었을 것이다.

백정이 사람 대접 못 받고 멸시받는 천민이었기에 도축업은 의당 '독과점' 업이었다. 소는 해체되어 고기와 가죽으로 나뉜다. 예나 지금이나 한 마리 잡으면 버릴 게 없는 것이 '소'다. 백정 중 이재에 밝은 이가 왜 없었으랴. 이 천업을 통해 재산을 쌓은 백정 이학찬이 돈을 댔다고 한다. 진주 천석꾼의 아들이던 강상호는 '일신학교'^{진주여중·고의}^{전신}를 세운 '깬' 인물이었고 신현수, 천석구 또한 진보적 지식인이었으니 이들의 지지는 천군만마를 얻는 후원이었을 것이다.

그러나 천민 박대의 악습에 주눅이 든 '백정' 당사자가 분연히 일어나야 비로소 운동의 꼴이 갖추어지는 것. 쭈뼛거리는 그들의 가슴속에 불을 지른 것은 바로 장지필의 말과 글이 아니었을까.

「모든 사람은 태어나면서부터 자유롭고, 존엄과 권리에 있어 평등하다. 모든 사람은 이성과 양심을 타고났으며 서로 동포의 정신으로 행동하여야 한다.

모든 사람은 인종, 피부색, 성, 언어, 종교, 정치적 또는 기타의 의견, 국민적 또는 사회적 출신, 재산, 출생 또는 이들과 유사한 그 어떠한 이유에 의해서도 차별을 받지 않고 이 선언에 규정된 모든 권리와 자유를 누릴 수 있다.」 -세계 인권선언문 중-

UN의 인권선언문이 1948년에야 공포된 것에 비하면 1923년에 포고

된 '형평사 주지'는 무려 4반세기가 앞선 인권의식이었다. 자랑스러운 일이었으나 그걸 자랑삼도록 열린 세상은 아니었다.

"상투를 묶지 못했고 비녀를 찌르지 못했으며 혼인날 가마도 못 타고 죽은 후에 상여에도 오를 수 없었던" 조상의 이력을 숨기고 싶었을 것이다. 후손들의 처절한 자기부정은 백정 시절의 유품과 역사를 흑암 속에 파묻어 실낱 같은 기록조차 파쇄된 채 몇 줄 앙상한 흔적으로만 남았을 뿐이다.

장지필 선생의 증손으로부터 연락을 받았을 때 무척 놀랍고 반가웠다. 그도 증조부의 발자취를 더듬고 있었다. 그러나 선생에 관해 서로가 나눈 것이라야 그간 연구자들이 찾아 놓은 흔적 그 이상의 것은 없었다.

슬하에 3남 1녀를 뒀고 충남 홍성군 광천읍에서 여생을 마쳤다는 것은 그의 전언이었다.

형평운동을 기념하는 것은 암울한 시절 차별에 저항한 용기 있는 선인들의 정신을 기리자는 뜻일 것이다. 그러나 그 역사가 우리에게 어떤 의미가 있는가를 챙기고 들이대 틀어진 '오늘'을 바로잡지 못한다면 도대체 기념 따위가 무슨 소용이겠는가.

인도에 1억 6000만 명의 불가촉천민이 여태 있고 일본의 '부락민'이 아직도 차별에 시달리고 있다 한다. 하지만 이 나라에서 '백정' 계급이 사라진 지는 오래다. 그러면 정녕 우리 시대에 백정은 없는 것일까.

오늘, '성 소수자'라 불리는 그들을 보며 그때 그 시절 백정이 겪던 모진 질시와 배척을 떠올린다.

2015/12

오뚜기를 찬하노라

웃을 일보다는 찡그리게 하는 뉴스 일색의 세밑에 그나마 입꼬리 치켜지는 소식이 하나 있었다. 식품회사 '오뚜기'가 대형마트에서 일하는 '시식 사원' 1800여 명을 정규직으로 전환했다는 보도였다. 만나는 동무마다 오뚜기 칭찬이 늘어섰다. 그 사람들은 상징색인 노란 카레 주머닐 끓는 물에 담그며 볼이 통통한 아이가 입맛을 다시는 심벌을 무심히 들여다봤을 뿐, 그 회사와는 열 촌이 넘는 사람들이다. SNS의 타임라인에도 오뚜기 상표가 나부끼며 "이제부턴 그 회사 라면만 먹겠다"는 선언이 잇따른다.

그것은 600만 명을 넘어섰다는 무대책의 비정규직 문제를 재계순위 200위에도 못 끼는 이 식품회사가 일같잖게 '조처'해버린 것에 대한 탄성이었다. 생계유지에도 버거운 낮은 임금에다 언제 잘릴지 모르는 해고의 불안을 겪고 있는 서민 가계의 급소를 오뚜기가 누른 셈이었다. 해넘이의 아쉬움과 회한에 빠진 사람들의 마음을 따뜻하게 한 오뚜기는 드라마 〈미생〉과 〈송곳〉에 뒤이어서 2016년을 맞는 이 나라를 설명하는 또 다른 언표였다.

'N포 세대'가 무슨 뜻인지 아느냐는 질문을 받았다. 실업에 내몰린

20~30대의 청년들이 연애를 안 하려 들고, 연애하더라도 결혼을 꺼리며, 결혼하더라도 출산을 포기하는 현상을 일러 '3포 세대'라 한다는 말은 진즉에 들은 바 있다. 거기다 더해 취업, 내 집 마련, 인간관계, 희망까지 포기하여 7포 세대라 했다니 좀 충격적이었다. 그러고는 급기야 그 모든 걸 포기하고 말겠다는 'N포 세대'에 이르렀다는 소릴 듣고는 참으로 기가 차고 목이 메었다.

그들은 마침내 발 딛고 사는 자신의 땅을 지옥이라 부른다는 것이다. '헬조선'은 '나아질 것'이란 희망을 찾을 수 없는 막막한 현실에 절망해 내지르는 청년들의 외마디다. "개처럼 일하면 진짜 개 취급 받는다", "남들이 알아주지 않더라도 묵묵히 일하면 결국 남 좋은 일만 하게 된다" 등의 자조적 격언이 힘을 얻는다.

'헬조선닷컴'이란 사이트를 열어보니 꼭지에 "죽창 앞에선 모두가 평등하다"라 박혀 있다. 모골이 송연하다. 죽창은 빈자의 무기다. 그것은 예로부터 불의한 힘에 맞선 민중의 손에 쥐어진 것이었으며 항쟁과 봉기의 상징이었다. 그러므로 가렴주구의 학정을 일삼는 관리와 고리채로 소작농의 등골을 빼는 악덕 지주를 향해 겨누어지는 응징의 도구였다.

기성세대는 철저히 실패했다. 아이들을 죽음으로 몰아넣는 강압적 교육, 살인적 경쟁과 극복할 수 없는 지경에 이른 빈부 격차, 유전무죄 무전유죄의 불공정과 불공평, 끊임없이 부추겨 고착화한 지역갈등, 부정부패. 이 모두 뒤집히고 혁파되어야 할 것들이다.

그것은 정치를 통해서 이루어질 수밖에 없는 길이다. 그 험로에 막힌 장애물을 치우느라 지난 수십 년 동안 무수한 사람이 피 흘리고 죽었다. 그럼에도 아직 멀었나 보다. 2016년 새해 벽두의 눈앞은 어둡기만 하다. 이제 100일 남짓 남은 선거를 앞두고 사분오열된 야당의 행색으로는 또다시 여당에 어부지리를 안겨줄 것이 불을 보듯 뻔하다. 재벌에게 혜택을 줌으로써 경제를 부양하겠다는 세력이 지속해서 집권하는 구조로 가는 것이다. 국민은 만신창이가 되고 청년들은 나락에 떨어진 지경임에도 무능하고 무책임한 정부가 신임을 받는 형국이다.

지난 1월 3일 청와대 경제수석이 박근혜 정부의 7대 성과를 발표했다. 그 내용이 하도 어이가 없어 입이 다물어지지 않는다. "역대 어느 정부도 하지 못한 경제 민주화 실천, 공공개혁으로 국가 재정 절약, 공공기관 효율화, 창조경제 통한 창업, 청년 일자리 창출 본격화, 생애주기별 맞춤형 복지로 평생 사회 안전망 구축" 등 무려 7가지나 된다. 엽기적이다.

죽창이 투표로 대체된 시대에 사는 우리는 의당 선거로 혁명을 일으켜야 한다. 채현국 선생 어법에 기대어 말하면 "꼰대들이 저 모양이라는 걸 잘 봐두어라. 이제 니네들이 뒤집어야 한다!"

2016/1